Kinder fordern uns heraus
Ratgeber für die Familie bei Klett-Cotta

Alle unsere Erziehungsratgeber aus der Reihe »Kinder fordern uns heraus« finden Sie unter www.klett-cotta.de/erziehung

Susanne Miethner,
Michaela Schmidt & Bernhard Schmitz

Mein Kind lernt Lernen

Ein Praxisbuch für Eltern

Unter Mitarbeit von Antje Orwat-Fischer,
mit Illustrationen von Kerstin Klauß

Klett-Cotta

Klett-Cotta

www.klett-cotta.de

© J. G. Cotta'sche Buchhandlung Nachfolger GmbH, gegr. 1659,
Stuttgart 2008

Umschlag: Weiss/Zembsch/Partner: Werkstatt München
Umschlagfoto: Corbis
Gesetzt aus der Melior von Dörlemann Satz, Lemförde
Auf säure- und holzfreiem Werkdruckpapier gedruckt
und gebunden von Clausen & Bosse, Leck
ISBN 978-3-608-94456-3

Bibliographische Information der Deutschen Bibliothek
Die Deutsche Bibliothek verzeichnet diese Publikation in der
Deutschen Nationalbibliographie; detaillierte bibliographische
Daten sind im Internet über <http://dnb.ddb.de> abrufbar.

Inhalt

Kapitel 6
Gefühle, Motivation und Lernen –
Durch alle Höhen und Tiefen

Kapitel 7
Wenn es nicht gleich klappt – Dranbleiben

Vorwort ...

... an die Eltern:

In der Schule lernt Ihr Kind die verschiedensten Dinge: Es lernt schreiben, lesen und Mathematikaufgaben lösen; es lernt, die Grammatik einer neuen Sprache anzuwenden, und vieles andere mehr. Ein wichtiger Aspekt wird dabei allerdings häufig vernachlässigt: Das Lernen zu lernen. Die meisten Kinder müssen im Alleingang herausfinden, wie sie es anstellen, sinnvoll zu lernen. Dabei ist es gerade für dieses Thema sehr wichtig, Kindern einige Tipps an die Hand zu geben, damit sie ihr Lernen verbessern und größere Lernerfolge erzielen können, was dazu führt, dass auch das Lernen immer mehr Spaß macht.

Natürlich können Sie Ihrem Kind das Lernen nicht abnehmen – genau das sollen Sie eben nicht tun! Aber: Sie können Ihr Kind unterstützen und *mit ihm gemeinsam Lernen lernen*. Einige der Tipps werden sicher auch für Sie als erwachsenen Lerner nützlich sein.

Unser Buch möchte Sie auf diesem Weg begleiten. Es bietet theoretische Hintergründe zum Thema Lernen, anschauliche Fallbeispiele und hilfreiche Übungen und viele Tipps für Sie und Ihr Kind. So können Sie Ihr neu erworbenes Wissen immer auch gleich ausprobieren.

Wir wünschen Ihnen viel Spaß beim Lesen und Anwenden der Inhalte dieses Buches!

... an die Schüler:

Vielleicht haben dir deine Eltern oder Lehrer dieses Buch gegeben, vielleicht bist du auch selbst daran interessiert dein Lernen noch besser in den Griff zu bekommen. Kennst du die Situation, dass du enttäuscht bist, weil manche Noten nicht so sind, wie du sie dir wünschst, obwohl du viel gelernt hast? Oder fragst du dich manchmal, wie dir das Lernen mehr Spaß machen kann? Du hörst von deinen Lehrern oder Eltern: Jetzt setz dich endlich hin und lerne! – dabei weißt du eigentlich gar nicht so genau, wie das gehen soll?

Dieses Buch möchte dir dabei helfen, Antworten auf deine Fragen zu finden. Es bringt dir einige interessante Dinge über das Thema Lernen näher und lädt dich ein, neue Lernwege auszuprobieren. Dafür gibt es viele Übungen und Beispiele, die du dir entweder gemeinsam mit deinen Eltern oder auch für dich allein oder mit deinen Schulfreunden anschauen kannst. Such dir aus, welche Tipps du gut findest und welche zu dir und deinem Lernstil passen. Vielleicht »er«findest du sogar ganz neue Ideen, die in diesem Buch nicht beschrieben sind.

Wenn du dich selbst mit deinem eigenen Lernen beschäftigst, ist das schon ein entscheidender Schritt in Richtung mehr Erfolg und Spaß am Lernen. Wenn du außerdem einige Vorschläge aus diesem Buch für dich entdecken kannst, die dir dabei helfen, deine Zeit sinnvoller einzuteilen und dich besser zu konzentrieren, wirst du bald ein echter Experte in Sachen Lernen sein!

Auch wenn du anfangs den Eindruck hast, dass du nicht so schnell arbeiten kannst, oder wenn die neuen Übungen dir zuerst schwer fallen – du wirst nach einiger Zeit merken, dass sie zur lieben Gewohnheiten werden und dir dann das Lernen immer leichter und schneller von der Hand geht.

Wir wünschen dir viel Spaß beim Ausprobieren und Anwenden der Inhalte!

Susanne Miethner, Michaela Schmidt
und Bernhard Schmitz
November 2007

Kapitel 1 Einführung und Grundlagen

Hausaufgaben als permanenter Hausfriedensbruch oder Schwierigkeiten mit dem Lernen

Sie sitzen nach einem anstrengenden Tag gemütlich in Ihrem Sessel, wollen endlich Ruhe, brauchen Zeit für sich … Sie nehmen ein spannendes Buch zur Hand, entdecken die Zeitung, die heute Morgen ungelesen liegen bleiben musste, und da ist auch noch ein Film, den Sie schon längst einmal anschauen wollten. Der entspannte Abend könnte beginnen, Sie haben sich etwas zu trinken geholt, machen es sich gerade bequem und wollen die Beine hochlegen, da baut sich Ihr Kind vor Ihnen auf.

Ein ganz normaler Abend …

Mit anklagendem, verzweifeltem, fast mürrischem Blick erklärt es Ihnen, es habe den ganzen Tag über diesen doofen Hausaufgaben gesessen. Der dämliche Lehrer habe erstens viel zu viel aufgegeben und zweitens überhaupt nichts erklärt. Und außerdem, vernehmen Sie, schreibe Ihre Tochter in zwei Tagen eine Klassenarbeit über ein Thema, wovon sie noch gar nichts verstehe … Sie brauche jetzt Ihre Hilfe, und zwar sofort, um das alles zu schaffen. Und schon ist Ihr friedlicher Abend dahin … Aber Sie sehen, dass Ihrem Kind die Tränen in den Augen stehen und es nicht mehr ein noch aus weiß.

Wem käme diese Szene nicht allzu bekannt vor? Aber trösten Sie sich, damit sind Sie nicht allein! Viele Eltern erleben tagtäglich solche und ähnliche Situationen mit ihren Kindern. Wie viele andere Kinder und Jugendliche – und auch manche Erwachsene – haben sie das Lernen nie richtig gelernt, und deshalb brauchen sie beim Lernen die Hilfe der

Eltern. Aber auch Erwachsene, inbesondere Eltern, sind Menschen mit einem Nervenkostüm, das nicht jede Herausforderung des alltäglichen Lebens meistern kann. Sie haben einen anstrengenden Arbeitstag hinter sich und können sich nicht mehr unbegrenzt auf Mathematik, Grammatik, Diktate, Aufsätze oder Vokabeln konzentrieren. Elterliche Hilfe artet ungewollt und schneller als gedacht in Stress und Streit aus. An effektives Lernen ist nicht mehr zu denken. Die Hausaufgaben erfüllen wieder einmal mehr den Tatbestand des Hausfriedensbruchs, der sich am Kommunikations- oder Nervenzusammenbruch aller Beteiligten diagnostizieren, aber offensichtlich nicht lösen läßt.

Aus diesem Grund haben wir dieses Buch für Sie und Ihre Kinder geschrieben, in dessen Rahmen wir Ihnen zeigen, wie Sie Ihr Kind zu selbstständigem Lernen motivieren und anleiten. Die Strategien, die Sie dabei unterstützen, sind in insgesamt acht Kapiteln beschrieben und erklärt. Um die verschiedenen Aufgaben zu vertiefen, schlagen wir Ihnen Übungen vor, die Sie gemeinsam mit Ihrem Kind ausprobieren können.

Die Erfahrung vieler Eltern und ihrer Kinder zeigt immer wieder, dass Lernen gelernt werden muss. Eine scheinbar banale Feststellung, die aber vielen nicht bewusst ist, wie wir beobachtet haben, und zwar weder Eltern noch Kindern und Jugendlichen.

Lernen klappt nicht auf Anhieb, sondern muss geübt werden und sich einspielen. Lernen funktioniert nicht automatisch, sondern es ist ein Abenteuer, das den größten Vorteil hat, den Sie und Ihre Kinder sich überhaupt erträumen können: Jede und jeder lernt sich beim Lernen selbst kennen, lotet seine Fähigkeiten aus, erweitert seinen Horizont. Das klappt allerdings nicht immer reibungslos. Denn die meisten Menschen nehmen zuerst ihre Grenzen wahr, vor allem wenn sie im Umfeld Schule unter Beweis stellen sollen, was sie denn gelernt haben. Lernen bedeutet also auch Anstrengung, Anspannung, Leistung ... aber wie wir Ihnen zeigen wollen: nicht nur und nicht in erster Linie.

Bei etlichen Untersuchungen haben wir festgestellt, dass Eltern ihre Kinder entscheidend fördern und fordern können, sie können sie bei den Hausaufgaben unterstützen und wesentlich dazu beitragen, dass das Lernen außerhalb der Schule zu einem ganz anderen Verhalten führt. Wer Lernen »trainiert«, spürt plötzlich gar nicht mehr, dass er lernt, wenn er lernt. Es ist wie mit dem Schwimmen, Skifahren und Treppenlaufen: Wer noch nicht geschwommen ist, hat Angst unterzugehen. Wer noch nie gelernt hat, fürchtet sich wahrscheinlich, etwas nicht zu kapieren oder es nicht behalten zu können. Aber das ist natürlich Unsinn: Jedes Kind lernt sprechen, essen, gehen oder auch Fahrrad fahren, das eine langsamer, das andere schneller. Alle Kinder aber können es. Irgendwann einmal. In der Schule ist es allerdings hin und wieder wichtig, zu einem bestimmten Zeitpunkt etwas Bestimmtes gelernt zu haben und das auch in Form von Klassenarbeiten »beweisen« zu können.

Ziel: selbstständiges Lernen

Jetzt dürfte es langsam klar werden, warum es durchaus sinnvoll ist, Lernen zu lernen. Sie dürfen sich als Eltern sicher sein: Auch Sie werden durch dieses Buch noch einiges lernen. Wichtig ist nur, dass Sie sich selbst und Ihren Kindern Mut machen. Entscheidend ist, ob Sie das Lernen als Strafe betrachten, die lebenslänglich über Sie und die Menschheit verhängt wurde, oder als eine Straße, auf der Sie ein Leben lang unterwegs sind, um immer Neues zu entdecken – und sei es etwas Altes, das Ihnen plötzlich in einem ganz anderen Licht erscheint.

Aus diesem Grund basiert das vorliegende Buch auf der *Theorie der Selbstregulation*. Das bedeutet, dass man sich, nicht nur beim Lernen, Ziele steckt und den Weg zum Erreichen des Ziels durchplant. Es genügt jedoch nicht, diese Pläne nur umzusetzen, sondern um die eigene Effektivität zu überprüfen, muss man rückblickend untersuchen, ob und wie einzelne Stufen des Plans erreicht wurden. Das heißt: Wir setzen das Erreichte in Beziehung zu dem, was wir uns vorgenommen haben. Unser Buch vermittelt Ihnen und Ihren Kindern also, was Selbstregulation beim Lernen bedeutet, und gibt Ihnen dazu Strategien für die konkrete Umsetzung an die Hand. Dadurch können Sie Ihre Kinder zu einem selbstständigen und effektiven Lernen führen.

Wie Sie sich denken können, sind auf dem Weg zu unserem gemeinsamen Ziel – selbstständig und effektiv lernen zu können – einige Umwege oder Vorbereitungen notwendig. Zunächst stellen wir Ihnen die Grundlagen des Buches vor. Ganz ohne Theorie geht es nicht, aber diese ist nicht grau und unverständlich, sondern recht farbig und erhellend, wenn wir die ersten Umrisse skizziert haben.

Praktische
Umsetzung
Die praktische Umsetzung steht jedoch im Vordergrund: Es geht also vor allem um praktische Übungen und Tipps, die Sie als Eltern gemeinsam mit Ihren Kindern umsetzen. Ältere Kinder und Jugendliche sollten das Buch auch selbst zur Hand nehmen und die Übungen und Strategien allein ausprobieren. Sie werden dies anfangs sicherlich begleiten müssen. Aber wir versprechen Ihnen: Alle werden davon profitieren, Sie, Ihre Kinder und vor allem der Haussegen, der nicht mehr jeden Tag schief hängen wird.

Wir wollen Ihnen die einzelnen Aspekte des »Lernen-Lernens« in den verschiedenen Kapiteln vorstellen. Wir haben sie durch Übungen ergänzt, damit die Anwendung nicht zu kurz kommt und Sie das, was wir Ihnen mitgeteilt haben, vertiefen können. Dabei müssen Sie nicht strikt nach der Reihenfolge arbeiten, sondern können nach Belieben oder Interesse zwischen den Kapiteln springen.

Im Anhang befinden sich Kopiervorlagen, die Ihnen die Übungen erleichtern sollen. Wenn Sie diese Unterlagen und Ihre Notizen sammeln, dann können Sie bei Bedarf schnell wieder darauf zurückgreifen.

In diesem Buch werden Ihnen verschiedene Symbole begegnen. Diese weisen auf verschiedene Inhalte und Übungen hin. Folgende Symbole werden verwendet:

Symbole

Hier finden Sie wichtige Merksätze, Informationen und Erklärungen von Fachbegriffen.

Wenn dieses Symbol dargestellt ist, stellen wir Ihnen Fragen, die Sie allein oder idealerweise zusammen mit Ihrem Kind beantworten können; so kommen Sie miteinander ins Gespräch über die Probleme, die beim Lernen auftreten.

In den Fallbeispielen werden Situationen der Familie Schlumpeter dargestellt, anhand derer die Themen vertieft werden.

Im Rahmen der Selbstreflexionsübungen können Sie sich ausdrücklich darüber klar werden, was das im Buch Gesagte bei Ihnen auslöst, ob Sie zustimmen oder ob Sie bestimmte Akzente anders setzen würden; was Ihnen selbst aus Ihrer eigenen Erfahrung und aus dem Alltag mit Ihrem Kind dazu einfällt.

Der Abschnitt »Übungen« beschreibt konkrete Aufgaben, die Sie bzw. Ihr Kind durchführen können.

Resümee: Hier finden Sie die wichtigsten Kapitelinhalte nochmals knapp zusammengefasst.

 Die Eltern-Kind-Aufgaben beschreiben verschiedene Übungen, die besonders dafür geeignet sind, sie mit Ihrem Kind gemeinsam durchzuführen.

Welche Erwartungen habe ich an das Buch?

Übung:
Denken Sie kurz darüber nach, was Sie sich von diesem Buch erwarten. Welche Arbeit wird damit verbunden sein? Sind Sie dazu bereit? Nehmen Sie sich die Zeit, das Buch nicht nur zu lesen, sondern auch anzuwenden?
Sprechen Sie später mit Ihrem Kind und fragen Sie es nach seinen eigenen Erwartungen.
Schreiben Sie am besten alle Erwartungen auf, die Sie und Ihr Kind an dieses Buch haben.

Wie wir Ihnen zur Seite stehen und was dieses Buch leistet

Wir zeigen Ihnen in diesem Buch Wege, wie Ihr Kind zu einer ursprünglichen Freude am Lernen findet – mit einfachen, aber wirksamen Techniken, Regeln und Tipps. Die Hausaufgaben werden Ihren Kindern leichter fallen. Nach und nach wird das Lernen – selbst schwieriger Stoffe – nicht mehr zur Qual, sondern es wird Ihren Kindern Freude machen und sie zufrieden, ja selbstbewusster machen. Wir stellen im nächsten Kapitel die so genannten »Strategien der Selbstregulation« vor. Wenden Sie diese Strategien an, und Sie werden gemeinsam mit Ihren Kindern neue Lernwege aufspüren und gemeinsam erkunden. Dies ist nicht nur für die Schule von Bedeutung: Auch Ihr Familienleben zu Hause wird stressfreier. Wenn sich allmählich vieles ändert und manches verbessert, werden Sie bemerken, wie auch Sie als Eltern und Erwachsene gewinnen, denn auch Sie selbst können für Ihr Lernen auf den unterschiedlichsten Bereichen von den vorgestellten Strategien profitieren.

Was kann ich selbst beitragen?

Dieses Buch kann Ihnen allerdings das eigene Ausprobieren und Umsetzen nicht abnehmen. Die Übungen in den einzelnen Kapiteln sollen Anregungen sein, die Sie mit eigener Phantasie und Kreativität im Alltag verändern und Ihren eigenen Bedürfnissen und denen Ihres Kindes anpassen können. Unsere Arbeit mit Eltern und Schülern hat uns gezeigt, dass nicht jede Übung zu jedem Kind passt und deshalb nicht mt jedem Kind klappt. Nehmen Sie die Übungen daher als Vorschläge, mit denen Sie gerne auch experimentieren können. Allerdings sollten Sie nicht zu viele Dinge auf einmal verändern wollen, sondern zunächst eine oder wenige Übungen mehrmals ausprobieren. Das Allerwichtigste: Hören Sie Ihrem Kind genau zu, wenn es um die Frage geht, welche Vorgehensweisen es für sich selbst aussucht, denn schließlich merkt Ihr Kind selbst am Besten, wann es effektiv lernt.

Warum ist es wichtig, Lernen zu lernen?

Im Idealfall macht es Ihrem Kind viel Spaß, neuen Stoff zu lernen und in die Schule zu gehen, auch wenn erfolgreiches Lernen mit Anstrengung verbunden ist. Für die Freude am Lernen sind allerdings Erfolgserlebnisse sehr wichtig, die wir uns durch den Einsatz der richtigen Strategien schneller und leichter erarbeiten können. Je mehr Erfolgserfahrungen Ihr Kind macht, desto stärker wird sein Vertrauen in seine eigene Fähigkeiten, was wiederum die Freude am Lernen erhöht. Ihr Kind lernt dann nicht mehr nur, weil es von außen dazu gezwungen wird, sondern weil es das selbst möchte.

Bevor wir mit den praktischen Übungen beginnen, stellen wir Ihnen in einigen theoretischen Vorbemerkungen die Grundlagen vor, auf denen unser Konzept beruht: Das Modell der Selbstregulation.

Planen, umsetzen, überprüfen – das Selbstregulationsmodell

Ihr Kind lernt, es macht seine Hausaufgaben – dies ist kein einmaliges Ereignis, sondern eine Tätigkeit, die sich regelmäßig, Tag für Tag, wiederholt. Wir können daher das Lernen als einen Verlauf betrachten, bei dem sich Erfahrungen, die Ihr Kind mit dem Lernen und den Hausaufgaben in der Vergangenheit gemacht hat, auf sein weiteres Vorgehen auswirken. Jeder kennt das: Wenn uns nach einer Anstrengung etwas gelungen ist, dann fällt uns das Weitermachen leichter als nach einem Fehlschlag; wenn Ihr Kind eine Mathematikaufgabe richtig gelöst hat, dann ist es motivierter, eine weitere Aufgabe zu bearbeiten, als wenn nach langen, verzweifelten Versuchen die Lösung falsch ist oder gar nicht gefunden werden konnte. Und natürlich setzt sich das auch am nächsten Tag fort: Die Erinnerung an die Mühe des gestrigen Tages oder aber an die Freude, die mit dem Finden der Lösung verbunden war, prägt die Art und Weise, wie an die neuen Aufgaben herangegangen wird, sie verringert oder erhöht also die Motivation Ihres Kindes.

Um Hausaufgaben oder auch die Vorbereitung auf eine Klassenarbeit erfolgreich zu bewältigen, gibt es verschiedene Wege. Wir beziehen uns in diesem Buch auf das Selbstregulationsmodell des Psychologieprofessors Bernhard Schmitz, der sich mit der Frage beschäftigt, wie Schüler selbstständig lernen können. Er teilt Lernen in drei Abschnitte ein: »Vor dem Lernen«, »Während des Lernens« und »Nach dem Lernen«. Die drei Abschnitte wollen wir Ihnen im Folgenden kurz vorstellen. Allgemeine Strategien, die für den jeweiligen Abschnitt bedeutsam sind, werden wir hier bereits kurz vorstellen, um sie dann in den späteren Kapiteln zu vertiefen. Solche allgemeinen Strategien können etwa Strategien zur Förderung der Konzentration sein. Gleichzeitig übertragen wir die allgemeinen Strategien beispielhaft auf Mathematik-Aufgaben, denn auch hier lässt sich dieses Schema anwenden.

Warum beginnt Lernen schon »vor dem Lernen«?

Die Selbstregulation spielt bereits bei der Vorbereitung eine wichtige Rolle, denn ohne eine präzise Vorstellung dessen, was wir erreichen wollen und welche Mittel uns dafür zur Verfügung stehen, haben wir nur eine ungefähre Ahnung von dem, was zu tun ist, was der Lernmotivation im Weg steht.

Vor dem Lernen

Allgemeine Strategien: Ziele setzen und Planen

Am Anfang steht die Zielsetzung: Ihr Kind soll lernen, sich aus verschiedenen Möglichkeiten ein Ziel auszuwählen, was im Zusammenhang mit den Hausaufgaben meistens bedeuten wird, dass es sich entscheidet, welche Aufgaben es zuerst bearbeitet.

Nachdem es ein Ziel ausgewählt hat, kann es den Weg bis

zum Ziel planen. Dafür kann es sich auch einzelne kleine Schritte überlegen, die es zum Ziel führen. In diesem Abschnitt empfiehlt es sich etwa, eine große Aufgabe in mehrere Unteraufgaben aufzuteilen.

Mathematik-Strategien: Skizze, Selektion und Überschlag

Die Zielsetzung bei einer Mathematikaufgabe ist relativ klar – es geht darum, für eine Aufgabe die richtige Lösung zu finden. Für die konkrete Planung hilft es, wenn sich Ihr Kind eine Skizze anfertigt, sich also die Aufgabe anschaulich in Form einer Zeichnung vor Augen führt. Dann ist es ratsam, die wichtigen von den unwichtigen Informationen zu scheiden – wichtige Angaben etwa herauszuschreiben oder zu markieren. Schließlich sollte, wenn möglich, mittels einer Überschlagsrechnung das ungefähre Ergebnis berechnet werden, wofür zunächst die Zahlen vereinfacht werden (beispielsweise kann vor der Berechnung der Aufgabe 21 × 38 zunächst 20 × 40 berechnet werden, um eine ungefähre Vorstellung vom Ergebnis zu erhalten).

Selbstreflexion:
Denken Sie (mit Ihrem Kind) über Folgendes nach:
Wie gehen Sie selbst an die Planung von Aufgaben heran?
Wie geht Ihr Kind bei der Planung von Hausaufgaben vor?

Was ist »während des Lernens« wichtig?

Während des Lernens ist es wichtig, immer die Ziele im Auge zu behalten. So können Sie und auch Ihr Kind überprüfen, ob durch das Lernen die Ziele in greifbare Nähe rücken. Außerdem ist es hilfreich, wenn sich Ihr Kind selbst motivieren kann, wenn es mal keine Lust hat.

Allgemeine Strategien: Motivation und Willensstärke

In diesem zweiten Abschnitt der Selbstregulation geht es um das eigentliche Lernen: darum, dass sich Ihr Kind auf die Aufgabe konzentriert und dass es seinen Willen bei der Bearbeitung einsetzt, damit es das Angefangene auch bis zum Ziel durchhält. Wichtige Bestandteile dieses zweiten Abschnitts sind die aufgewendete aktive Lernzeit – die Zeit, in der Ihr Kind tatsächlich gelernt hat – und die verwendeten Lernstrategien. Während des Lernens ist es hilfreich, sich selbst zu beobachten und die eigenen Strategien zu überwachen. Wenn Ihr Kind etwa nicht wie gewünscht vorankommt, dann sollte es (gegebenenfalls gemeinsam mit Ihnen) überlegen, was verändert werden kann, um das Ziel besser zu erreichen. So kann Ihr Kind die angewandte Strategie verändern, wenn es bemerkt, nicht wie gewünscht voranzukommen. Ebenso wichtig ist die Fähigkeit, sich selbst zu motivieren, also weiterzumachen, bis das Ziel erreicht ist, und nicht auf halbem Weg aufzuhören.

Während dieses Abschnitts spielt *Motivation* eine wichtige Rolle:

Was bedeutet der Begriff Motivation?
Motivation beschreibt Beweggründe, die unsere Handlungen beeinflussen. Motivation wirkt sich auf den Inhalt aus (was tue ich), auf die Zielrichtung (wohin möchte ich) und auf die Intensität (wie stark ist mein Einsatz). Je wichtiger mir das Ziel ist, und je optimistischer ich bin im Hinblick auf seine Erreichbarkeit, desto größer wird die Motivation sein.

Mathematik-Strategie: Zerlegung

Während Ihr Kind eine Mathematikaufgabe löst, kann es diese in kleinere Rechenschritte (Zwischenziele) zerlegen. Da es nicht erst am Ende, sondern auch während des Lösungsprozesses immer wieder kleinere Ziele erreicht, fällt es ihm leichter, an der Aufgabe dran zu bleiben. Ein erreichtes Zwischenziel erhöht die Motivation, und Ihr Kind wird mit erneuerter Ausdauer auf dem Lösungsweg weitergehen.

> **Selbstreflexion:**
> Denken Sie gemeinsam mit Ihrem Kind über Folgendes nach:
> Wie führen Sie selbst Aufgaben aus?
> Wie geht Ihr Kind beim Anfertigen der Hausaufgaben vor?

Was kann ich »nach dem Lernen« tun?

Geschafft! Eine Aufgabe ist erledigt! Wird jetzt gleich das nächste Heft herausgezogen und weitergemacht? Nein – an dieser Stelle ist es vielmehr für Ihr Kind ganz wichtig, dass es sich anschaut, was es erreicht hat, mitsamt dem Weg, den es bis zu diesem Ziel zurückgelegt hat. Und auch wenn alle Hausaufgaben für diesen Tag erledigt sind, sollten wir das erledigte Pensum noch einmal im Ganzen überblicken.

Allgemeine Strategie: Reflexion

Wenn ein Lernprozess abgeschlossen ist, wenn also Ihr Kind z.B. alle Hausaufgaben erledigt hat, folgt der dritte Abschnitt der Selbstregulation. In diesem Abschnitt wird das Ergebnis von Ihrem Kind allein oder auch zusammen mit Ihnen bewertet. Dieser Schritt ist auch für das zukünftige Lernverhalten wichtig. Sie sollten sich gemeinsam die Frage stellen, was gut funktioniert hat und was beim nächsten Mal verbessert werden kann: War beispielsweise die Reihenfolge, in der die Aufgaben angepackt wurden, hilfreich, oder stand ein zu schwerer – ein zu leichter Aufgabenkomplex an der falschen Stelle? Als Ergebnis einer solchen Reflexion können Lern- und Arbeitsstrategien beibehalten oder verändert werden. Damit schließt sich der Kreis, denn nun gilt es, sich für die nächste Aufgabe oder den nächsten Tag ein neues Ziel zu stecken.

Mathematik-Strategien: Probe und Umgang mit Fehlern

Nachdem Ihr Kind die Mathematikaufgabe gelöst hat, kann es eine Probeberechnung anstellen, um das Ergebnis zu überprüfen. Dabei werden alle Schritte noch einmal rückwärts gerechnet. Ist Ihr Kind zu einem falschen Ergebnis gekommen, so hilft es, wenn es den verwendeten Lösungsweg überdenkt, wenn es sieht, wo genau es Fehler gemacht hat, und überlegt, was es beim nächsten Mal verbessern kann.

> **Selbstreflexion:**
> Denken Sie mit Ihrem Kind über Folgendes nach:
> Welche Strategien verwenden Sie zur Lösung von Aufgaben?
> Welche Strategien verwendet ihr Kind?

Eine anschauliche Darstellung des Modells der Selbstregulation bietet der »Berg des Lernens«: Wir sehen, dass das Fundament des Berges – Zielsetzung, Motivation und Planung – für produktives Lernen wichtig ist, und wir sehen auch, dass der Gipfel nicht schon mit dem Lösen der Aufgaben erreicht ist, sondern dass die Beurteilung des Geleisteten ein wichtiger Bestandteil des Lernerfolgs ist.

Wir haben aus dem Selbstregulationsmodell Schlussfolgerungen für die Unterstützung der Kinder durch ihre Eltern gezogen. Es soll nun noch ein zusätzliches Modell vorgestellt werden, das sich ebenfalls an den drei Abschnitten des Lernens orientiert und das selbstständige Lernen der Kinder unterstützt. Die wichtigen Bestandteile sind dabei: Eltern als Vorbild, das Erleichtern während der Aufgabenbearbeitung und das Ermuntern nach dem Lernen.

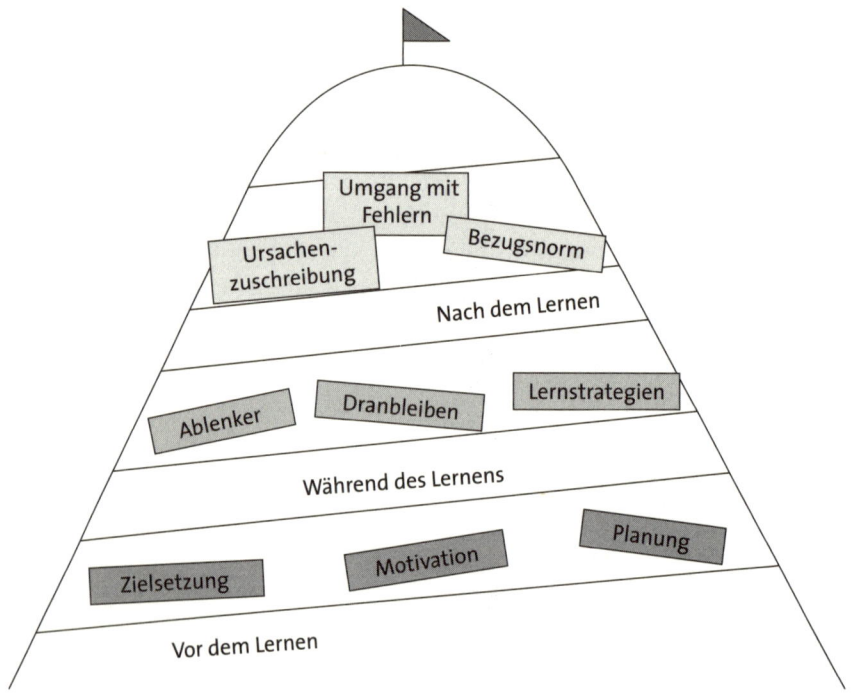

Der Berg des Lernens, aus Hertel, 2007.

Welche Rolle spielen die Eltern?

*Wie kann ich mein Kind dabei unterstützen,
selbstverantwortlich zu lernen?*

Rolle der Eltern

In diesem Abschnitt gehen wir auf die Frage ein, wie Sie Ihr Kind beim selbstständigen Lernen unterstützen und fördern können, und welche Rolle Sie als Mutter oder Vater dabei einnehmen. Die einzelnen Abschnitte orientieren sich ebenfalls an den Abschnitten des Selbstregulationsmodells.

Schauen wir uns also die wichtigsten Aspekte in Ihrem Verhalten als Eltern genauer an:

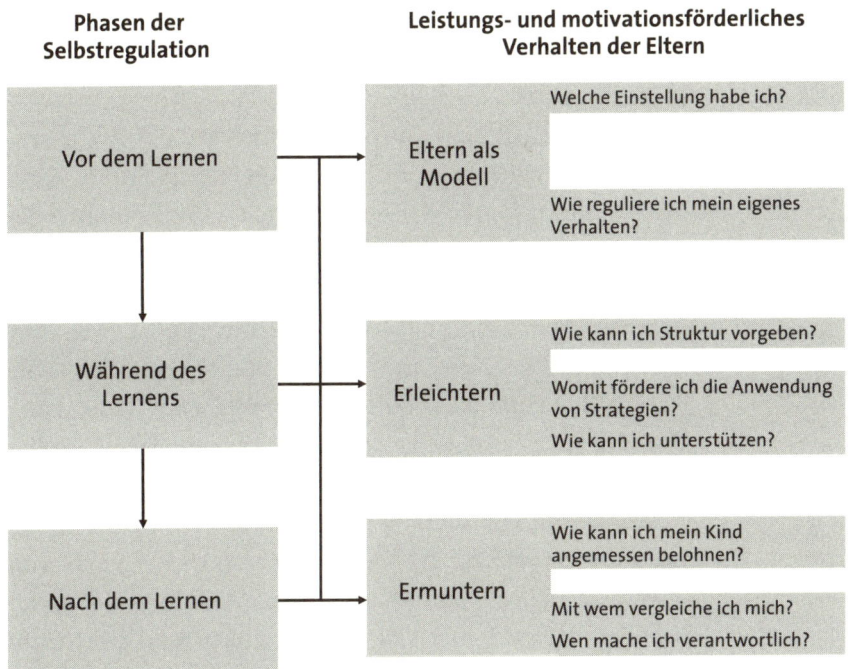

Phasen der Selbstregulation	Leistungs- und motivationsförderliches Verhalten der Eltern	
Vor dem Lernen	Eltern als Modell	Welche Einstellung habe ich?
		Wie reguliere ich mein eigenes Verhalten?
Während des Lernens	Erleichtern	Wie kann ich Struktur vorgeben?
		Womit fördere ich die Anwendung von Strategien?
		Wie kann ich unterstützen?
Nach dem Lernen	Ermuntern	Wie kann ich mein Kind angemessen belohnen?
		Mit wem vergleiche ich mich?
		Wen mache ich verantwortlich?

Das Elternmodell, aus Bruder, 2006.

»Eltern als Vorbild«

Kinder orientieren sich an ihren Eltern; das gilt nicht nur für die alltäglichen Aufgaben, sondern auch und gerade in ihrer Einstellung zu Schule und Lernen, zum Umgang mit Wissen, zu der Art und Weise, wie Probleme und unbekannte Situationen angegangen werden. Daher können Eltern auch »vor« und »nach dem Lernen« ihren Kindern einen produktiven Zugang zu Schule und Lernen vermitteln. Hilfreich ist es, wenn Ihre Kinder aus Ihrem Verhalten immer wieder schließen können, wie spannend es auch noch für die Erwachsenen ist, Dinge auszuprobieren, Neues zu lernen, andere Wege zu gehen. Elterliche Offenheit und

Eltern sind Modelle für ihre Kinder

Neugier überträgt sich auf die Kinder und hilft ihnen, im Lernen ein spannendes, interessantes Abenteuer und nicht eine dröge Last zu sehen.

Auch die Art, wie Sie Ihre eigenes Verhalten steuern, kann Ihren Kindern Vorbild sein. Beteiligen Sie Ihr Kind doch einfach einmal bei der Planung eines Urlaubs oder eines Fests – überlegen und gehen Sie gemeinsam die Schritte, die unternommen werden müssen, bis die Sache »steht«, bis aus einer Idee Realität geworden ist. Wenn Ihr Kind einmal bei Ihnen die Mühen miterlebt hat, die für die Umsetzung eines Ziels aufgewendet werden müssen, kann ihm das auch in seinem eigenen Umgang mit größeren oder kleineren Aufgaben helfen.

Am besten, Sie schreiben jetzt gleich auf, was Ihnen bei dieser Aufforderung in den Sinn gekommen ist – zu diesem Zweck können Sie auch das Elterntagebuch im Anhang verwenden; es hilft Ihnen, sich gezielt zu überlegen, wie Sie Ihr Kind unterstützen wollen, und was Sie konkret unternehmen möchten, um dieses Ziel zu erreichen. Überprüfen Sie auch immer wieder, wie die Umsetzung funktioniert und welche Fortschritte Sie machen. Das Tagebuch hilft Ihnen dabei, Ihr Verhalten über einen längeren Zeitraum zu beobachten.

Selbstreflexion:
Folgende Fragen können Ihnen helfen, sich über Ihre Vorbildfunktion klarer zu werden:
Welche Einstellung habe ich zur Schule und zu Lehrern, zum Lernen und zu Hausaufgaben?
Wie reguliere ich mein eigenes Verhalten, wenn ich eine Aufgabe zu bewältigen habe?

Eltern können »erleichtern«

Im zweiten Abschnitt des Lernens, also während der Durchführung einer Aufgabe, können Sie Ihren Kindern zeigen, wie Sie selbst den Alltag strukturieren, indem Sie verschiedene Strategien anwenden. Sie können Ihrem Kind beispielsweise zeigen, wie Sie eine Liste der Aufgaben erstellen, die Sie tagsüber erledigen wollen. Übernimmt Ihr Kind dieses Verhalten von Ihnen, dann kann das die Bearbeitung der Hausaufgaben und das Lernen erleichtern. Dazu ist es jedoch notwendig, dass die Kinder das Verhalten der Eltern auf ihre eigene Situation übertragen. Sie können Ihrem Kind helfen, indem Sie ihm beispielsweise zeigen, wie es sich selbst beobachten kann. Gleichzeitig können Sie gemeinsam überlegen, ob und wie es die Strategien anwendet, die Sie ihm gezeigt haben.

Um selbstständiges Lernen zu üben, ist es allerdings wichtig, dass sich Ihr Kind mit den Lerninhalten aktiv und ohne fremde Hilfe auseinandersetzt. Sie als Eltern sollten sich deshalb so lange mit Ihrer Unterstützung zurückhalten, bis es klar ist, dass Ihr Kind die Aufgabe (noch) nicht allein schafft und um Hilfe bittet.

Sie haben die Möglichkeit, Ihr Kind zu unterstützen, indem Sie ihm Strategien erklären oder es auch mit Belohnungen ermuntern, wenn Sie merken, dass es versucht, die Strategien einzubauen. Gemeint ist dabei nicht, dass Sie erst ein beobachtbares fertiges Endprodukt belohnen. Es sind schon kleine Schritte in die richtige Richtung wichtig und bedürfen der Unterstützung und Verstärkung. Auf das Thema »Belohnungen« werden wir in Kapitel 5 noch ausführlicher eingehen.

Eltern unterstützen bei Bedarf

Selbstreflexion:
Wie können Sie die Aufgabenbearbeitung erleichtern?
In welchen Bereichen braucht mein Kind Hilfe?
Welche Strategien kann ich anwenden?
Wie kann ich es sonst noch unterstützten?

Eltern können ihre Kinder »ermuntern«

Eltern
ermuntern
nach der
Aufgabe

Auch nach dem eigentlichen Lernen können Sie als Eltern Ihr Kind weiter unterstützen. Beispielsweise kann Ihr Kind bei Ihnen erleben, wie Sie ein Ergebnis so bewerten, dass trotz eventuellem Misserfolg keine Entmutigung eintritt. Die folgende Tabelle zeigt Ihnen verschiedene Möglichkeiten, Erfolge und Misserfolge zu interpretieren. Später, in Kapitel 4, gehen wir genauer darauf ein, welche Bewertungen bei Erfolg beziehungsweise bei Misserfolg förderlich sind.

Worauf kann Erfolg oder Misserfolg zurückgeführt werden?

Einstellung	»Es liegt an mir«	»Es liegt an etwas Anderem«
»Ich schreibe doch *immer* eine gute/ schlechte Note, weil …« (kann nicht verändert werden)	*Misserfolg:* … ich zu unbegabt bin. *Erfolg:* … ich so talentiert bin.	*Misserfolg:* … der Lehrer es mir nicht richtig erklären kann. *Erfolg:* … die Aufgaben kinderleicht sind.
»Ich habe dieses Mal die Note bekommen, weil …« (veränderbar)	*Misserfolg:* … ich mich nicht genug angestrengt habe. *Erfolg:* … ich die richtigen Strategien benutzt habe.	Zufall: *Misserfolg:* Pech gehabt! *Erfolg:* Glück gehabt!

Ursachenzuschreiben von Erfolg und Misserfolg, aus Foesertling, 1985

> **Selbstreflexion:**
> Sie können sich folgende Fragen stellen, um zu überprüfen, wie Sie Ihr Kind ermuntern können:
> Wen oder was mache ich für Erfolge beziehungsweise Misserfolge verantwortlich?
> Mit wem vergleiche ich mich selbst, mit wem vergleiche ich mein Kind?
> Wie kann ich mein Kind angemessen belohnen?
> Wie kann ich mein Kind unterstützen?

Vorstellung der Familie Schlumpeter

Durch dieses Buch wird Sie die Familie Schlumpeter begleiten. Sie ist eine normale Familie mit all den Alltags-, Lern- und Erziehungssituationen, die wir als Eltern oder Schüler auch kennen. Zu den Schlumpeters gehören:

Familie Schlumpeter

Vater Walter. Er ist 40 Jahre alt und Angestellter. In seinem Beruf hat er viel Stress und möchte deshalb zu Hause am liebsten nur seine Ruhe haben. Ab und zu übernimmt er kleine Aufgaben im Haushalt, braucht dazu meist jedoch einen kleinen Anstoß seiner Frau. Ihm ist die Familie sehr wichtig, aber aus Familiendiskussionen hält er sich lieber raus. Walter ist überzeugt: »Meine Frau macht das schon!«

Mutter Christine ist 36 Jahre alt und arbeitet halbtags als Bürokauffrau. Sie versucht, so gut es geht, Familie und Beruf unter einen Hut zu bekommen. Weil sie nicht viel Zeit hat, und weil Eigenständigkeit für sie ein wichtiges Erziehungsziel darstellt, ist sie der Meinung, dass Kinder lernen müssen, im Leben allein zurecht zu kommen. Sie wünscht sich

deshalb von ihren Kindern mehr Selbstständigkeit. Wenn es bei den Hausaufgaben allerdings zu langsam vorangeht, reagiert sie manchmal auch ungeduldig und neigt dazu, ihren Kindern mehr zu helfen als nötig wäre, einfach nur damit die Aufgaben vom Tisch sind. Christine hat das Gefühl, dass der reibungslose Ablauf des Familienalltags überwiegend von ihr abhängt.

Das älteste Kind in der Familie ist Sebastian: Er ist schon fast 14 und schreibt in der Schule häufig schlechte Noten. Das liegt nicht daran, dass Sebastian dumm wäre, aber er hat momentan einfach keine Lust auf die Schule. Um ihn herum passieren grade sehr viele spannende Dinge: Seine Fußballmannschaft ist frisch in die Bezirksliga aufgestiegen, und er muss jetzt an drei Nachmittagen die Woche trainieren; seine Kumpels haben vor Kurzem die neue Half-Pipe im Nachbarort entdeckt, und dieses süße Mädchen aus der Parallelklasse will ihm einfach nicht mehr aus dem Kopf. Sebastians Lehrer sagen, dass es dieses Jahr eng wird mit der Versetzung. Darüber macht er sich Gedanken, denn er möchte auf keinen Fall in eine andere Klasse wechseln. Dass gute Noten wichtig sind, sieht er auch ein, wenn es dann aber ums Lernen geht, kann er sich nur sehr schwer motivieren.

Annika ist 11 Jahre alt und Schülerin in der 6. Klasse: ein nettes, intelligentes Mädchen. Sie hält sich selbst für ziemlich klug und ist daher davon überzeugt, dass es nicht nötig ist, viel für die Schule zu tun. Regelmäßig kurz vor den Mathearbeiten bekommt sie dann aber doch immer wieder Angst und fängt an, wie wild zu lernen, was manchmal zwar funktioniert, aber auch immer wieder ziemlich danebengeht. Das Resultat dieses unstrukturierten Lernens ist, dass sie in einer Klausur eine Eins erhält, in der nächsten eine Fünf. Das gibt im Zeugnis dann eine Drei, ein Ergebnis, das bei ihrer Intelligenz auch ganz anders aussehen könnte.

Niklas ist 9 Jahre alt und Schüler der 4. Klasse. Er ist ein aufgeweckter, sportlicher Junge und sehr hilfsbereit. Er fährt am liebsten Fahrrad. Sein größter Traum ist, einmal die Tour de France zu gewinnen. Niklas gefällt es in der Schule ganz gut, aber er schreibt nicht so gerne Aufsätze. Wenn er mal wieder eine Diskussion mit seiner Mutter oder der Lehrerin hat, bekommt er eine riesige Wut auf alles. Dann schimpft er: »Schule ist doof!«.

In den folgenden Abschnitten stellen wir Ihnen zunächst einige grundlegende Bausteine für das selbstständige Lernen vor, die für alle drei Abschnitte des Lernens wichtig sind. Dabei handelt es sich zunächst um ein strukturiertes Tagebuch, anhand dessen sich die Kinder Notizen zum Lernen und zu den Strategien machen, was ihnen dabei hilft, ihre Fortschritte zu erkennen. Dann besprechen wir die Vorbildfunktion, die Sie als Elternteil einnehmen, sowie die Themen »Struktur« und »aktives Zuhören«. Im Anschluss daran erklären wir die einzelnen Abschnitte des Lernens näher.

Das Lerntagebuch – Wie kann ich das Lernen strukturieren?

Wenn Kinder in die Schule kommen, ist es immer wieder nötig, dass sie sich auch mit Dingen beschäftigen, an denen sie (zunächst) weniger Spaß haben. Sie brauchen dann Möglichkeiten, sich das Lernen zu erleichtern. Natürlich motiviert es Kinder, wenn sie in einem solchen Fall nach

Das Lerntagebuch macht Erfolge sichtbar

einiger Zeit Fortschritte beobachten können. Eine tolle Methode hierfür ist ein strukturiertes Tagebuch: Wenn Ihr Kind ein solches Tagebuch führt, kann es relativ einfach überprüfen, wie es sich verbessert. Es setzt sich zu Beginn der Woche ein Lernziel und notiert dazu, was es schon kann und in welchen Bereichen es noch üben muss. Von Montag bis Freitag kann es eintragen, was es erledigt hat (beispielsweise Hausaufgaben) und ob es Spaß daran hatte. Am Ende der Woche kann Ihr Kind überprüfen, welche Strategien es bereits anwendet und wie diese funktionieren. Wenn es so schwarz auf weiß sehen kann, dass es schon Vieles über Lernstrategien gelernt hat, wird es diese auch in Zukunft lieber anwenden. Gleichzeitig kann ein solches Tagebuch eine Erinnerungshilfe sein, denn Ihr Kind sieht jeden Tag beim Ausfüllen des Tagebuchs, welche Strategien es noch zusätzlich anwenden kann. Eine Kopiervorlage finden Sie im Anhang.

Natürlich kann es auch für Sie selbst als Eltern hilfreich sein, die Unterstützung Ihres Kindes bei den Hausaufgaben gezielt zu planen. Deshalb finden Sie im Anhang auch ein entsprechendes Elterntagebuch als Kopiervorlage. Anhand des Tagebuchs können Sie gezielter vorgehen und auch Ihre eigenen Fortschritte besser beobachten und verfolgen.

Lerntagebuch

Woche _____ Tag _____

Für meine Hausaufgaben habe ich mir für die kommende
Woche das folgende Ziel gesetzt: _____
Um es zu erreichen, werde ich: _____
Wenn du heute keine Hausaufgaben machst oder nicht lernst:
Was ist der Grund dafür? _____

Ich fühle mich im Moment ...

	stimmt gar nicht	stimmt eher nicht	stimmt eher	stimmt genau
aktiv	☐	☐	☐	☐
interessiert	☐	☐	☐	☐
verärgert	☐	☐	☐	☐
bekümmert	☐	☐	☐	☐

Welche Hausaufgaben hast du
heute aufbekommen/
Für welche Fächer müsstest du lernen?

Was davon wirst du
heute erledigen?

_____ ☐
_____ ☐
_____ ☐
_____ ☐
_____ ☐

Wie viel Zeit planst du dafür ein? _____ Minuten

Erledige jetzt Deine Hausaufgaben!

Nur ausfüllen, wenn du die Hausaufgaben bzw. das Lernen unterbrichst:

Warum unterbrichst du die Hausaufgaben/ das Lernen?

☐ Ich habe keine Lust mehr.
☐ Ich wurde abgelenkt.
☐ Etwas anderes kam dazwischen.

Was wirst du tun, um dich zum Weiterarbeiten zu bewegen?

☐ Die restlichen Aufgaben in Portionen einteilen (Pausen einplanen).
☐ Konzentrationsübung.
☐ Ablenker ausschalten (Zimmertür schließen; Handy und Computer abschalten, ...).
☐ Sonstiges:

Mache hier weiter, wenn du Deine Hausaufgaben/das Lernen erledigt hast.

Für welche Fächer hast du heute Hausaufgaben gemacht bzw. gelernt?

_____
_____
_____
_____
_____

Wie lange hast du dafür gebraucht? _____ Minuten

Wie viele Minuten davon hast du konzentriert gearbeitet?   Minuten

Etwas, was ich durch das Buch gelernt habe oder meine Eltern in den letzten Tagen/ Wochen mit mir geübt haben, hat mir heute bei den Hausaufgaben geholfen:

☐ ja   ☐ nein

Wenn ja, was?

☐ Sich Ziele setzen
☐ Konzentrationsübung
☐ Motivationsstrategien (damit man wieder mehr Lust hat)
☐ Strategien gegen störende Gedanken (Gedankenstopp, positives Umformulieren)
☐ Strategien gegen Ablenker
☐ Aus Fehlern lernen
☐ Sonstiges: _____

	stimmt gar nicht	stimmt eher nicht	stimmt eher	stimmt genau
Ich habe mich beim Lernen nicht ablenken lassen.	☐	☐	☐	☐
Ich habe mich heute angestrengt.	☐	☐	☐	☐
Ich habe darauf geachtet, dass ich konzentriert bei der Sache bin.	☐	☐	☐	☐
Ich habe heute alles geschafft, was ich mir vorgenommen hatte.	☐	☐	☐	☐
Die Hausaufgaben/das Lernen hat heute Spaß gemacht.	☐	☐	☐	☐

Und für morgen nehme ich mir Folgendes vor:

_____

_____

Eltern als Vorbilder für ihre Kinder?

»Mein Papa macht das aber auch so!«

Damit Kinder sich in ihrer Umwelt zurechtfinden, lernen sie, indem sie ihre Eltern und andere Bezugspersonen beobachten und deren Verhalten nachahmen. Auf diese Weise erwerben sie einerseits beobachtbares Verhalten wie z.B. einen Kuchen zu backen. Andererseits lernen sie auch etwas über Einstellungen (was finden sie gut/nicht gut) und Werte (was ist ihnen wichtig). Ebenso erfahren sie auf diese Weise die Konsequenzen von Verhalten (für welches Verhalten werde ich oder werden andere belohnt/bestraft).

Theorie des sozialen Lernens

Albert Bandura ist der Begründer der Theorie des sozialen Lernens durch Beobachtung. In zahlreichen Untersuchungen zeigte er unterschiedliche Spielarten des beobachtenden Lernens mit seinen Auswirkungen. Ein bekanntes Beispiel ist die Bobo-Doll-Studie, die er bereits 1969 durchführte. Dazu filmte er zunächst, wie eine Person eine Bobo-Doll-Puppe verprügelte. Eine solche Puppe ist mit Luft gefüllt und an den Füssen mit einem Gewicht beschwert. Wird auf die Puppe eingeschlagen, so schwingt sie nach hinten und wieder nach vorne zurück. Die gefilmte Person boxte die Puppe, schrie sie an, trat auf sie ein, schlug sie mit einem kleinen Hammer, brüllte dabei aggressive Flüche und so weiter. Albert Bandura zeigte den Film anschließend einer Gruppe von Kindergartenkindern, die nach dem Betrachten des Films in ein Spielzimmer gebracht wurden, in dem sich die Bobo-Doll-Puppe aus dem Film sowie einige kleine Hämmer befanden. Viele Kinder schlugen jetzt ebenfalls auf die Bobo-Doll-Puppe ein und ahmten auch andere aggressive Verhaltensweisen, die sie zuvor im

Film gesehen hatten, sehr genau nach (siehe z. B. Gage & Berliner, 1996).

Bedeutet das also, dass alles was Sie tun eine Vorbildfunktion für Ihr Kind hat? Die Antwort ist zunächst einmal: Ja. Aber Kinder lernen auch, dass ihre Eltern keine »Superhelden«, sondern »nur Menschen« sind. Das bedeutet, dass Eltern natürlich Fehler machen und dies auch vor ihren Kindern zugeben dürfen. Wichtiger ist hier nämlich, dass Eltern in solch einer Situation zeigen, wie sie mit Fehlern konstruktiv umgehen. Dadurch lernen Kinder, dass auch sie Fehler machen dürfen. Sie können durch das Vorbild ihrer Eltern erfahren, dass Fehler Chancen beinhalten, aktiv nach neuen Lösungen zu suchen.

Kinder imitieren das Verhalten Erwachsener

Die folgenden Abschnitte erklären, wie Sie als Eltern das Umfeld für das Lernen gestalten können, um Ihre Kinder zu unterstützen. Zunächst geht es darum, den Kindern Struktur zu vermitteln, ihnen einen klaren Rahmen vorzugeben.

Ein klarer Rahmen – Woher nehmen und nicht stehlen?

Mama, wo sind denn meine Stifte?

> **Fallbeispiel: Matheheft**
> Manchmal ist es zum Verzweifeln. Niklas stellt sein ganzes Zimmer auf den Kopf, aber das Matheheft ist unauffindbar. »Mama, ich brauche das aber gaaaaanz dringend für die Hausis!«, schallt es durch die Wohnung. »Kannst du mir bitte suchen helfen?« Christine ist genervt. »Immer diese Unordnung! Ich habe wirklich Besseres zu tun, als dir ständig beim Aufräu-

men und Suchen zu helfen! Du bist alt genug, um deine Sachen in Ordnung zu halten!« Schließlich hilft sie Niklas aber doch. Mutter und Kind suchen, die Unordnung und das Chaos werden immer größer. Irgendwann geraten sich beide in die Haare, Christine eilt zurück in die Küche, Niklas knallt die Tür hinter sich zu, das Matheheft ist und bleibt verschwunden, und der Nachmittag ist gründlich verdorben.

Solche Probleme kennen Sie vielleicht auch aus Ihrer Familie. Mit dem Vorgeben und Einhalten von Regeln zur Arbeitsplatzgestaltung und Arbeitsstruktur können Sie diese Schwierigkeiten umgehen. Dazu ist es sinnvoll, dass diese Regeln durch häufiges Anwenden für Ihr Kind zur Gewohnheit werden. Es befolgt diese dann fast »automatisch«. Sie können Ihr Kind unterstützen, eine passende Struktur zu finden. Sie können beispielsweise mit Ihrem Kind den Arbeitsplatz so gestalten, dass es nicht abgelenkt wird, und dann mit ihm zusammen den Ablauf der Hausaufgaben planen.

 Hier sind einige Beispiele aufgeführt, die Sie gerne übernehmen und umsetzen können. Vielleicht haben Sie auch noch weitere Ideen, die Sie gerne ausprobieren möchten?

Beispiel: Arbeitsplatz gestalten:

Arbeitsplatz gestalten

■ Zum optimalen Arbeiten sollte möglichst ein fester Arbeitsplatz vorhanden sein. Die Höhe des Tisches und die Form des Stuhles sollten zu der Größe Ihres Kindes passen.

■ Bei Rechtshändern ist es besser, wenn die Beleuchtung von links oder von vorne kommt. Bei Linkshändern von rechts oder von vorne.

- Auf dem Arbeitsplatz sollten nur die Dinge liegen, die gerade für die aktuelle Arbeit benötigt werden.
- Die Schreibunterlage sollte frei bleiben. Stifte, Papier, Formelsammlungen und Nachschlagewerke sollten sich in Griffweite befinden.
- Spielzeug, Süßigkeiten sowie Material für Hobbys haben während der Hausaufgaben auf dem Arbeitsplatz nichts zu suchen.
- Gut für effektives Arbeiten kann, besonders in höheren Klassen, eine Pinnwand sein. Sie ist hilfreich bei der Planung und Strukturierung der Arbeit beim Lernen.
- Der optimale Arbeitsplatz ist der, an dem man sich wohl fühlt, aber nicht abgelenkt wird.

Beispiel: Planungshilfen:

- Hausaufgabenheft: Ein ordentlich und regelmäßig geführtes Hausaufgabenheft ist eine wichtige Organisationshilfe.

  Planungshilfen

- Hausaufgabenplan: Dabei handelt es sich um eine schriftliche Übersicht über verschiedene Arbeiten, die im Laufe einer Woche zu erledigen sind. Dieser Plan kann Ihrem Kind helfen, die Lernarbeit einer Woche weitgehend selbst einzuteilen.

Beispiel: Zeiteinteilung:

- Die Hausaufgaben und das Lernen sollten möglichst immer an der gleichen Stelle im Tagesablauf liegen. Das muss und kann nicht immer zur selben Uhrzeit sein, aber zum Beispiel immer eine halbe Stunde nach dem Essen. Ihr Kind sollte die richtige Zeit und den eigenen Rhythmus selbst finden.

  Zeitmanagement

- Es ist günstig, die Hausaufgabenzeit vorher festzulegen und die Hausaufgaben in kleine Portionen einzuteilen.

Ihr Kind kann die einzelnen Aufgaben auf einem Zettel notieren und die Aufgaben durchstreichen, sobald sie erledigt sind.

■ Um Ermüdung vorzubeugen, sollten abwechselnd mündliche und schriftliche Aufgaben erledigt werden.

■ Durch kleine Pausen kann die Konzentration und die Leistungsfähigkeit während längerer Arbeitszeiten erhöht werden.

> **Fragen zum Thema »Struktur«:**
> Gibt es noch weitere Bereiche, die Sie zusammen mit Ihrem Kind strukturieren können?
> Überlegen Sie gemeinsam mit Ihrem Kind, welche Vorschläge sinnvoll und umsetzbar sind.

Das Geheimnis des »aktiven Zuhörens«

Wie hängt aktives Zuhören mit dem Lösen von Problemen zusammen?

Unterstützung, ohne Lösungen vorzugeben

Vermutlich kennen Sie diese Situation: Sie haben sich ein neues Ziel gesteckt, wissen aber noch nicht genau, wie es verwirklicht werden kann, und sprechen mit Freunden oder der Familie darüber. Noch bevor Sie zu Ende geredet haben, werden von allen Seiten Lösungen vorgeschlagen, wie Sie Ihr Ziel am besten erreichen können. Danach dreht sich das ganze Gespräch nur noch um diese Möglichkeiten. Sie selbst kommen sich dabei unverstanden vor und versuchen Gründe zu finden, warum diese oder jene Lösung nicht funktionieren kann: Sonst wäre man ja schon selbst darauf gekommen.

Können Sie sich vorstellen, dass es auch Kindern so ergehen kann, wenn sie mit neuen Ideen oder Problemen zu uns Erwachsenen kommen? Das kann eine kleinere Frage sein wie etwa das Aussuchen eines Geburtstagsgeschenkes für die beste Freundin, aber auch ein größeres Problem wie beispielsweise ein Streit mit einem guten Freund. Wir Erwachsenen neigen manchmal dazu – aus Bequemlichkeit, und weil wir das Problem einfach aus der Welt geschafft haben wollen –, zu schnell Lösungen vorzuschlagen. Es kann dann passieren, dass Sie Ihr Kind daran hindern, selbst eine Lösung zu suchen und zu finden. Hinzu kommt, dass Eltern manchmal zusätzlich kontrollieren, ob ihr Kind das Ziel erreicht hat und das Problem lösen konnte. Dadurch kann bei ihm der Eindruck entstehen, dass ihm die Eltern nicht zutrauen, eine eigene Lösung für das Problem zu finden.

Selbstreflexion:
Was für ein Gefühl haben Sie, wenn Sie Ihr Ziel mit einem fremden Lösungsweg erreicht haben?
Wie käme sich wohl Ihr Kind in solch einer Situation vor? Versetzen Sie sich in seine Lage.

Wenn Sie Ihrem Kind aktiv zuhören, können Sie ihm helfen, ohne dass Sie es mit Ihren eigenen Lösungen überfahren.

Was ist aktives Zuhören?
Beim aktiven Zuhören geht es darum, sich in den Gesprächspartner einzufühlen, beim Gespräch mitzudenken und den Ausführungen des Gesprächpartners mit Aufmerksamkeit und Interesse zu folgen.
Der Zuhörer versucht zu verstehen, was der Gesprächpartner empfindet, er formuliert es in seinen eigenen Worten und meldet dies dem Gesprächpartner ohne eigene Urteile, Ratschläge oder Ermahnungen zurück.

Das aktive Zuhören hat folgende Vorteile:

- Ihr Kind fühlt sich ernst genommen.
- Es ist eher motiviert, selbst gefundene Lösungen auch umzusetzen.
- Es wird dann eher fähig sein, eigene Ziele zu erreichen.
- Ihr Kind entwickelt also das Bewusstsein und die Fähigkeit für eigenständiges, selbstverantwortliches Handeln.

Es folgen ein paar einfache Sätze, die Sie sagen können, um Ihrem Kind zu helfen, seine Probleme selbst zu lösen. Dabei ist es sinnvoll, diese Sätze nicht auswendig zu lernen, sondern sie auf Ihre eigene Situation und Sprechgewohnheiten anzupassen:

> **Übung:**
> Hast du an alle Möglichkeiten gedacht?
> Welche Möglichkeiten gibt es noch?
> Ist das ein Ziel, das du wirklich erreichen möchtest?
> Meinst du, du kannst das ohne Hilfe schaffen? Wenn nicht: Wer könnte dir helfen?

Wenn Ihr Kind sich für ein Ziel entscheidet, können Sie es unterstützen:

> Klingt, als hättest du dein Ziel gefunden.
> Es freut mich, dass du ein Ziel gefunden hast.

Nun hat Ihr Kind sich sein Ziel selbst gesetzt, und Sie können es jetzt daran erinnern, dass es die eigene Entscheidung auch durchführen sollte. Sie können es unterstützend fragen:

> Jetzt hast du entschieden, welche die beste Möglichkeit ist.
> Wie möchtest du vorgehen?
> Was könnte dein erster Schritt sein?
> Wer oder was könnte dir helfen, dein Ziel zu ereichen?

Damit Ihr Kind sein Ziel auch durchführt und sich selbst überprüfen kann, können Sie fragen:

> Es wäre vielleicht gut, dir einen Termin zu setzen, bis zu dem du einschätzen willst, ob du dein Ziel schon erreicht hast.
> Wie kannst du sehen, dass du voran kommst?

> **Wichtig ist also:**
> Der Erwachsene sieht sich als Begleiter und mischt sich nicht in den Inhalt des Problems ein. Er hilft dem Kind, Lösungsmöglichkeiten selbst zu finden, damit es seine Ziele erreichen und die damit verbundenen Probleme lösen kann.

Das Ziel beim aktiven Zuhören ist es, dass Ihr Kind lernt, sich selbst zu helfen. Sehen Sie sich deshalb als Förderer und lassen Sie Ihrem Kind möglichst den Raum, eigene Lösungen zu finden. Dies geht am besten durch Fragen der genannten Art; mit ihnen verhindern Sie, dass Ihre eigenen Lösungsvorschläge der Problemlösung Ihres Kindes im Weg stehen. Erst wenn Sie ganz sicher sind, dass Ihr Kind es wirklich nicht allein schafft, können Sie mit Ihren Vorstellungen eingreifen.

Natürlich kann es auch vorkommen, dass etwas, was sich Ihr Kind vorgenommen hat, nicht funktioniert. Kinder können und sollten jedoch nicht vor allen Fehlschlägen bewahrt werden. Denn durch Fehler erhalten sie die Möglichkeit, aus ihren Erfahrungen zu lernen, damit es beim nächsten Mal besser klappt.

Lernkarte für die Themen »Ordnung, Planung und Gewohnheiten«

Im Anhang des Buches finden Sie Kopiervorlagen für Lernkarten zu diesem Themenkomplex. Sie können Ihrem Kind helfen, sich die besprochenen Themen besser zu merken und die Strategien bei Bedarf einzusetzen. Ihr Kind kann sie ausschneiden und selbst nach Belieben ausgestalten. Wenn Sie die Karten zusätzlich laminieren, sind sie besser geschützt.

Lernkarte:
Ordnung,
Planung,
Gewohnheiten

Lernkarte:

**Ordnung, Planung und
Gewohnheiten**

**Ordnung, Planung und
Gewohnheiten**

1. Wie sieht mein Arbeitsplatz aus?
2. Liegt alles bereit, was ich zum Lernen brauche?
3. Habe ich meine Zeit gut eingeteilt?
4. Bin ich bereit?

Ein erstes Resümee

Für erfolgreiches Lernen ist es hilfreich, ...

... über das eigene Vorgehen nachdenken zu können (Selbstreflexion);

... anderen aktiv zuzuhören;

... einen geordneten Arbeitsplatz zu haben;

... sich ausreichend Zeit zu nehmen;

... einen günstigen Zeitpunkt für das Lernen zu wählen.

Eltern-Kind-Aufgaben: Selbstreflexion, aktives Zuhören und Struktur vermitteln

Eltern-Kind-Aufgabe »Selbstreflexion«
Ziel dieser Eltern-Kind-Aufgabe ist es, die bisherigen Inhalte zu vertiefen. Sie können sich dazu ein paar Stichpunkte notieren.

1. Welche der genannten Methoden wende ich schon an? (Eltern)
2. Welche Gewohnheiten hat mein Kind? (Eltern)
3. In welchen Bereichen bin ich ein gutes Vorbild für mein Kind? (Eltern)
4. Welche Einstellung habe ich zum Lernen? (Kind)
5. Welche Strategie möchte ich in der kommenden Woche ausprobieren? (Kind)

Wenn Sie möchten, können Sie Ihre eigenen Stichpunkte und diejenigen, die Ihr Kind gemacht hat, in einen Ordner heften. Dann können Sie, wenn Sie das Buch bearbeitet haben, überprüfen, was sich bereits verändert hat.

Eltern-Kind-Aufgabe »Struktur vorgeben«
Finden Sie gemeinsam mit Ihrem Kind heraus, welche Arbeitsplatzgestaltung und Zeitplanung ihm am liebsten ist.
Überlegen Sie, in welchen Bereichen Ihr Kind etwas durch Nachahmung von Ihnen lernen kann.

Beispiele für Vorbildhandlungen:
Erklären Sie Ihrem Kind z.B., welche Merkhilfen Sie verwenden und wie Sie damit umgehen: Adressverzeichnis, Notizheft, Einkaufsliste, Kalender, Wochenplan, Liste mit offenen Arbeitsaufgaben (»Zu erledigen« / To do).

Sprechen Sie mit Ihrem Kind darüber, wie Sie Ihren Tagesablauf / Ihre Woche organisieren.
Wenn Sie berufstätig sind, sprechen Sie über Organisationshilfen in Ihrem Beruf.

Eltern-Kind-Aufgabe »Aktives Zuhören«
Üben Sie jeden Tag ganz bewusst zehn Minuten lang, Ihrem Kind aktiv zuzuhören.

Kapitel 2 Vor dem Lernen –
Bevor es richtig losgeht

Im folgenden Kapitel zeigen wir Ihnen, wie Ihr Kind an eine Aufgabe positiv herangehen kann, bevor es mit dem eigentlichen Bearbeiten der Aufgaben beginnt. An dieser Stelle ist es wichtig, dass Ihr Kind sich (gemeinsam mit Ihnen) Ziele setzt und sie so formuliert, dass sie greifbar und anschaulich werden. Denn nur wenn es das Ergebnis seiner Arbeit im Hinblick auf das zuvor gesetzte Ziel überprüfen kann, kann es sich entweder über den Erfolg freuen oder hinterfragen, was es verbessern kann.

Ziele setzen

Ziele der Eltern

Einige der Ziele, die sich Eltern setzen, wollen sie für ihre Kinder erreichen. Sie möchten vielleicht Ihren Kindern wichtige Werte vermitteln, ihnen eine gute Zukunft bieten und Dinge ermöglichen, die ihnen Freude bereiten.

Andere Ziele sind die, die Sie sich ganz persönlich setzen: etwa einen bestimmten Job zu bekommen, wieder Sport zu treiben, eine Diät durchzuhalten und vieles mehr. Auch wenn das auf den ersten Blick nichts direkt mit Ihren Kindern zu tun zu haben scheint, sind auch solche Ziele wichtig, denn indem Sie sich eigene Ziele setzen, sind Sie gleichzeitig ein Vorbild für Ihr Kind.

Wozu überhaupt Ziele formulieren?

Warum sind Ziele wichtig?

Wenn unser Verhalten nicht nur vom Zufall oder von Stimmungen abhängig sein soll, dann ist es wichtig, die eigenen Ziele zu klären. Was passiert, wenn man das nicht tut, zeigt ein kleiner Ausschnitt aus »Alice im Wunderland«:

»Würdest du mir bitte sagen, wie ich von hier aus weitergehen soll?«, fragte Alice.
»Das hängt zum großen Teil davon ab, wohin du möchtest«, sagte die Katze.
»Ach, wohin ist mir eigentlich gleich …«, sagte Alice.
»Dann ist es auch egal, wie du weitergehst,« sagte die Katze.

Selbstreflexion:
Stellen Sie sich vor, Sie fahren direkt zum Flughafen, um dort eine Last-Minute-Reise zu buchen. Das Ziel Ihrer Reise kennen Sie aber noch nicht. Was müssen Sie alles einpacken?
Stellen Sie sich im Gegensatz dazu ein Reiseziel Ihrer Wahl vor. Was packen Sie jetzt alles ein?
Vergleichen Sie den Inhalt beider Reisetaschen. Wie unterscheiden sie sich?
Wenn Sie möchten, können Sie sich auch Stichworte zu Ihren Gedanken notieren.

Ohne Ziele können wir nicht planen, und ohne Planung ist unser Verhalten von der Stimmung oder dem Zufall abhängig. Um sinnvoll vorgehen zu können, ist es deshalb wichtig, zunächst die eigenen Ziele zu klären. Doch nicht nur die Klärung als solche ist bedeutsam, sondern auch die Art und Weise, wie Sie Ihre Ziele formulieren.

SMART – Die optimale Zielformulierung

Mein Ziel sollte so klar und präzise wie möglich formuliert werden, damit ich mir genau darüber im Klaren bin, was ich erreichen will.

Ziele klar und präzise formulieren

> Ein Beispiel für eine unklare Formulierung wäre:
> Ich möchte meinem Kind helfen.
> Ein Beispiel für eine klare Formulierung wäre:
> Ich werde alle Kapitel dieses Buches gründlich bearbeiten und aus jedem Kapitel eine Übung probieren.

Wenn ein Ziel formuliert ist, kann ich daraus ableiten, was ich konkret tun kann, um das Ziel zu erreichen. Das ist wichtig für die eigene Planung.

Konkrete Schritte ableiten

> Beispiel: Ich plane 5 mal pro Woche 15 Minuten Bearbeitungszeit für dieses Buch ein.

Meist kann ich dann auch abschätzen, innerhalb welcher Zeit das Ziel erreicht werden kann. Das kann sehr motivierend sein.

Zeitpunkt der Zielerreichung festlegen

> Beispiel: Ich werde in vier Wochen die Bearbeitung des Buches abgeschlossen haben.

Wenn mein Ziel schwer zu erreichen ist, kann ich mir mehrere kleine Zwischenziele setzen, ohne mein großes Ziel aus den Augen zu verlieren.

Ziele in Teilziele einteilen

> Beispiel: Jede Woche werde ich zwei Kapitel durcharbeiten. Dann bin ich in vier Wochen mit der Bearbeitung des Buches fertig.

Als eine Merkhilfe für die Formulierung Ihrer Ziele können Sie die **SMART**-Regel (siehe z. B. Meyerhoff & Brühl, 2004) verwenden. Dabei steht jeder Buchstabe für ein bestimmtes Kriterium:

Spezifisch: Überprüfen Sie mit den folgenden Fragen, ob Sie Ihr Ziel prägnant vor Augen haben:
Ist Ihr Ziel eindeutig und präzise formuliert?
Haben Sie es schriftlich formuliert?
Haben Sie eine klare Vorstellung davon, wie es sein wird, wenn Sie Ihr Ziel erreicht haben?

Messbar: Formulieren Sie Ihr Ziel so, dass es greifbar und damit messbar ist. Dann können Sie am Ende überprüfen, ob Sie Ihr Ziel tatsächlich erreicht haben.
Falls es sich um ein größeres Ziel handelt, kann es sinnvoll sein, es in kleinere Schritte (Teilziele) einzuteilen. So können Sie rechtzeitig feststellen, ob Sie noch auf dem richtigen Weg sind oder ob eine ›Kurskorrektur‹ sinnvoll ist.

Attraktiv: Ein Ziel sollte anziehend sein, damit Sie motiviert sind, auch etwas dafür zu tun. Um zu überprüfen, ob es sich tatsächlich um ein attraktives Ziel handelt, können Sie sich den gewünschten Zustand mit möglichst allen Sinnen vorstellen.
Sehen Sie sich an Ihrem Ziel? Wie fühlt sich Ihr Ziel an?

Realistisch: Ziele sollen durchaus herausfordernd sein. Trotzdem ist es wichtig, dass sie erreichbar sind. Entscheidend dabei ist Ihre persönliche Einschätzung, was Sie für realistisch halten. Wenn ein Ziel zu hoch gesteckt ist, dann bringt man üblicherweise nicht die nötige Motivation auf, es überhaupt richtig zu versuchen.

Termin: Schließlich sollte ein Termin festgelegt werden, bis wann Sie das Ziel erreichen wollen. Sie können sich folgende Fragen stellen:
Ist Ihr Ziel zeitlich begrenzt?
Bis wann möchten Sie es erreicht haben?
Bis wann wollen Sie einzelne Teilziele erreicht haben?

Wenn ein Ziel allen fünf Kriterien entspricht, dann werden Sie und Ihr Kind es sehr wahrscheinlich auch erreichen.

Welche Arten von Zielen gibt es?

Fallbeispiel: »Wenn du groß bist, dann ...«
Sebastian und seine Eltern sind gerade aneinander geraten. Der Streitpunkt ist, wie so oft, das Lernen für die nächste Klassenarbeit. Noch vier Tage sind es bis zur Deutscharbeit, es geht um ein Buch, das Sebastian in der Schule gelesen hat. Sebastian ist der Meinung, dass er schon mehr als genug für die Klassenarbeit vorbereitet ist: Er hat das Buch immerhin gelesen und hat auch schon mal drüber nachgedacht. Sebastians Eltern sind da ganz anderer Meinung. Vater Walter versucht nun Sebastian zum Weiterlernen zu motivieren: »Sebastian, die Schule ist

> wichtig! Du willst doch später mal Pilot werden, dazu musst du gute Noten haben und einen guten Abschluss, und dann kannst du in zehn Jahren schon selber fliegen!« Dass er »später mal Pilot« werden will, weiß Sebastian auch ohne den Hinweis seines Vaters – und im Moment ist einfach ein gemeinsamer Besuch der Half-Pipe im Nachbarort mit seinen Freunden viel, viel reizvoller.

Unterschied zwischen kurz- und langfristigen

Es gibt kurzfristige Ziele (Tages- oder Wochenziele), wie z.B. ein Kapitel eines Buches zu lesen und zu bearbeiten. Es gibt mittelfristige Ziele, das sind Ziele, die innerhalb mehrerer Monate oder eines halben Jahres erreicht werden können, etwa einen Kurs abschließen oder einen Garten anlegen. Es gibt langfristige Ziele, das sind Ziele, die innerhalb der nächsten Jahre erreicht werden können, z.B. eine zusätzliche Ausbildung zu machen. Damit das Ziel auch tatsächlich verfolgt wird, ist es entscheidend, sich darüber klar zu werden, wie wichtig das Ziel ist. Damit können Sie sicherstellen, dass Sie auch bei auftretenden Schwierigkeiten weiter durchhalten.

Kann ich mein Ziel aus eigener Kraft erreichen?

Manche Ziele können wir durchaus allein erreichen, für andere Ziele hingegen benötigen wir Unterstützung von außen. Wenn Sie z.B. das Ziel haben, sich das nötige Wissen anzueignen, um Ihr Kind bei den Hausaufgaben zu unterstützen, dann sind Sie vermutlich neugierig darauf, neue Lernstrategien kennen zu lernen und auszuprobieren. Wichtig ist in diesem Fall nicht nur das Ziel, sondern auch die Erkenntnis, dass für die Realisierung des Ziels entsprechendes Wissen notwendig ist.

Ziele sollten herausfordernd sein; sind sie zu leicht zu erreichen, ist die Aufgabe zu einfach und die Arbeit macht keinen Spaß. Sie sollten aber auch realistisch sein; denn sind die Ziele zu hoch gesteckt, dann ist die Motivation zu gering, es überhaupt erst richtig zu versuchen.

Selbstreflexion:
Sie können sich an dieser Stelle folgende Fragen stellen:
Welche Ziele habe ich für mein Kind?
Welche Ziele hat mein Kind für sich selbst?

Welche Ziele haben Kinder?

Sie haben vielleicht schon festgestellt, dass Kinder häufig ganz andere Ziele haben als wir Erwachsene. Ihnen geht es darum, zum Geburtstag ein lang ersehntes Spielzeug zu bekommen, eine Freundin zum Spielen zu besuchen oder eine bestimmte Sportart zu erlernen. Doch auch bezüglich ihrer Schulleistungen haben Kinder durchaus Ziele: etwa ein Diktat ohne Fehler zu schreiben oder bei den Bundesjugendspielen eine Siegerurkunde zu erreichen. Auch für Kinder ist es wichtig, dass sie sich Ziele setzen und sie auch genau formulieren können.

Kinder haben eigene Ziele

Aus Visionen Ziele ableiten

Ziele beginnen häufig mit einem Traum: Wenn ich groß bin, will ich eine berühmte Schauspielerin sein! Wenn ich groß bin, möchte ich die Tour de France gewinnen! Diese Träume und Visionen sind wichtig, weil in ihnen eine Sehnsucht liegt, die große Kräfte mobilisieren kann. Daher ist es wichtig, aus solchen Träumen Ziele abzuleiten. Ist ein Ziel erst formuliert, sollten sich Eltern und Kinder gemeinsam an die Planung des Weges dorthin machen. Wenn Ihr Kind z. B. lernen möchte, ein Instrument zu spielen, dann können Sie zusammen Erkundigungen einholen, welche Musikschule besonders geeignet ist, wie viel das Instrument kostet, wie oft Ihr Kind üben sollte, und so weiter. Wenn das Ziel darin besteht, in der Schule die Mathenote von einer Drei auf eine Zwei zu verbessern, können Sie sich nach Mathespielen erkundigen, Sie können mit Ihrem Kind einen Wochenübungsplan erstellen und vieles mehr. Auch diese Teilschritte sind von grundlegender Bedeutung, da sie Meilensteine auf dem Weg zum Ziel markieren. Und jeder Meilenstein bringt Ihr Kind dem eigenen Ziel ein Stück näher, mit jedem erreichten Zwischenziel rückt das Endziel in größere Nähe, und diese sichtbare Annäherung an das Ziel erhöht ihrerseits die Motivation zum Weitermachen.

Fallbeispiel: Niklas und das neue Fahrrad

Niklas sitzt an seinem Schreibtisch und träumt davon, einmal ein großer Radrennfahrer zu werden und in ein paar Jahren als Träger des Gelben Trikots in Paris einzufahren. Aber er weiß nicht so genau, wie er das mit dem alten Fahrrad schaffen kann. Eigentlich bräuchte er zum Trainieren ein richtig gutes Fahrrad. Niklas hat schon seit einem Jahr sein ganzes Taschengeld und das Geburtstagsgeld gespart, um sich ein neues Fahrrad kaufen zu können. Wenn er sein altes Fahrrad verkauft, kommt auch noch etwas hinzu. Es fehlen aber immer noch zweihundert

Euro. Also geht er in die Küche, um mit seiner Mutter zu sprechen. »Mama, ich möchte mir so gerne ein neues Fahrrad kaufen. Gibt es eine Möglichkeit, wie ich das Geld verdienen kann?« Christine überlegt. Eigentlich hält sie ja nichts von elterlichen Finanzspritzen, insbesondere wenn das Kind so wenig für die Schule arbeitet. Dann kommt sie auf eine Idee. »Niklas, wenn du dich im nächsten Zeugnis in drei Fächern um eine Note verbesserst und jede Woche zweimal das Katzenklo sauber machst, bekommst du das Geld nach dem nächsten Zeugnis.« Niklas freut sich und stimmt zu. Während er in sein Zimmer zurückgeht, überlegt er allerdings: »Wenn sie das mal bis dahin nicht vergessen hat ...«

Verträge fürs Lernen?

Auf dem Weg zu einem Ziel gibt es besonders bei mittel- oder langfristigen Zielen auch Durststrecken. Dann haben Kinder genauso wie wir Erwachsene keine Lust mehr und wollen gar nicht weitermachen: Der Schwung des Anfangs mit seinen guten Vorsätzen ist verpufft, und das angestrebte Ziel scheint noch in weiter Ferne zu sein. In einer solchen Situation kann es sehr hilfreich sein, mit Ihrem Kind zusammen einen Lernvertrag zu formulieren.

Lernverträge unterstützen bei längerfristigen Zielen

Ein Lernvertrag ist ein sichtbares Zeichen, das Kinder und Eltern an ihre Abmachungen erinnert. Durch die Abmachungen sind beide Seiten eine Verpflichtung eingegangen, sie haben sich freiwillig bereiterklärt, eine bestimmte Leistung zu erbringen. Im Lernvertrag wird eine Leistung des Kindes mit einer bestimmten Leistung der Eltern (beispielsweise einer Belohnung) verknüpft. So wäre es etwa vorstellbar, dass Niklas – der ja, wie unsere Beispielerzählung berichtet hat, schon ein etwas mulmiges Gefühl hatte, ob sich seine Mutter überhaupt noch an ihr Versprechen erinnert, wenn es dann so weit ist und die Zeugnisse herauskommen – und seine Mutter gemeinsam ihre Erwartungen und Vorhaben schriftlich festhalten, so dass die Vorsätze von Niklas und das Angebot seiner Mutter nicht in Vergessenheit geraten können.

Damit Lernverträge funktionieren, ist es wichtig, dass sich beide Vertragspartner wertschätzen. Das bedeutet, dass Sie Ihr Kind mit seinen eigenen Wünschen und Vorstellungen ernst nehmen, denn erst dadurch fühlt es sich selbst ernstgenommen und damit verpflichtet, sich an den Vertrag zu halten.

Im Folgenden sehen Sie ein Beispiel für einen Lernvertrag. Sie können natürlich auch zusammen mit Ihrem Kind einen eigenen Lernvertrag formulieren.

Lern-Vertrag

In Zukunft möchte ich _____

verändern/verbessern. Als konkretes Ziel nehme ich mir daher vor,

in den nächsten _____ Wochen mindestens/höchstens

_____ mal _____

_____

Für jedes Mal, wenn ich mein Ziel erreicht habe, bekomme ich

einen Punkt. Wenn ich _____ Punkte erreicht habe, dann be-

komme ich von meinem Vertragspartner

_____

Wenn ich _____ Punkte erreicht habe, erhalte ich von meinem

Vertragspartner

_____

»Hiermit treffe ich meine eigenen Entscheidungen
und kann mein Ziel erreichen, wenn ich das will!«

_____   _____   _____

Datum   meine Unterschrift   Unterschrift des
                                            Vertragspartners

Lernvertrag, aus Bruder (2004).

Lernkarten für die Themen »Ziele und Planung«

Damit wir unsere Ziele erreichen, müssen wir sie zunächst präzise formulieren. Ebenso wichtig ist es jedoch, den Weg dorthin zu planen. Dabei gibt es verschiedene Möglichkeiten, wie wir vorgehen können. So kann etwa der lange Weg vom Start bis zum Ziel in kleine Abschnitte aufgeteilt werden. Das macht ihn übersichtlicher, und wir selbst oder unser Kind werden zuversichtlicher, was unsere Fähigkeit betrifft, unsere Aufgabe auch wirklich meistern zu können. Eine weitere Möglichkeit ist, die eigene Vorgehensweise zu hinterfragen: Welche Ziele möchte ich erreichen? Wie wichtig ist mir das Ziel? Wie kann ich dorthin kommen? Auf den folgenden Lernkarten, die wir für Sie auch (als Kopiervorlagen) im Anhang zusammengetragen haben, finden Sie Anregungen, wie ein Ziel formuliert und der Weg zu diesem Ziel geplant werden kann.

Lernkarte:
Zielsetzung

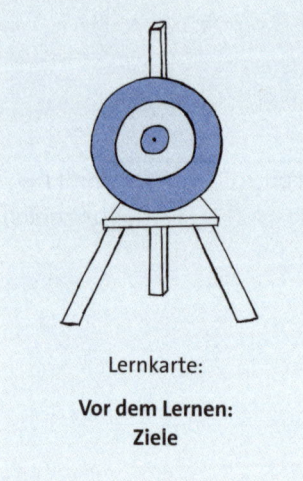

Lernkarte:

**Vor dem Lernen:
Ziele**

Welches Ziel will ich erreichen?

1. Überlege ich mir genau, welches Ziel ich erreichen möchte?
2. Wo kann ich mich verbessern?
3. Ist mir dieses Ziel wirklich wichtig?
4. Glaube ich, dass ich dieses Ziel erreichen kann?
5. Wie viel Zeit plane ich täglich ein, um dieses Ziel zu erreichen?
6. Wann will ich mein Ziel erreicht haben?

Lernkarte:

Vor dem Lernen:
Planung

Wie gehe ich genau vor?

1. Ich schreibe mein Ziel auf und hänge es deutlich sichtbar in der Nähe meines Arbeitsplatzes (Schreibtisch) auf.
2. Ich lege genau fest, wie viel Zeit ich täglich einplane, um mein Ziel zu erreichen.
3. Ich schreibe z. B. unter mein Ziel: Dafür arbeite ich täglich 20 Minuten!
4. Ich lege ein Datum fest, bis wann ich mein Ziel erreicht haben will.
5. Ich überlege mir, womit ich mich belohnen möchte.

Lernkarte:
Planung

Als Anfangshilfe, und um Ihnen die Möglichkeit zu geben, das Arbeiten mit Lernkarten erst einmal selbst auszuprobieren – also bevor Sie beziehungsweise Ihr Kind die Karten bei den Hausaufgaben tatsächlich einsetzt –, haben wir eine kleine Übungsaufgabe aus dem Fach Mathematik eingefügt. Diese dient dazu, die Hausaufgabensituation nachzuvollziehen, wie sie sich aus der Sicht Ihres Kindes darstellt. Bei dieser Aufgabe ist es wichtig, Informationen, die zur Lösung der Aufgabe wichtig sind, von solchen zu trennen, die unwichtig sind. Achten Sie bitte besonders auf die Bereiche Ziele und Planung. (Die Lösung finden Sie am Ende des Kapitels.)

Übung: »Hausaufgabensituation«

In der Klasse 5c wird ein Grillabend veranstaltet. Alle 29 Kinder der Klasse fahren zu Magdalena in den Garten, um dort zu grillen. Jannik hat den weitesten Weg. Er benötigt von zu Hause aus mit dem Fahrrad etwa 25 Minuten bis zu Magdalenas Haus. Johanna hat es da besser. Sie wohnt direkt neben Magdalena und läuft nur 2 Minuten. Bei dem Grillabend trinkt Paula 2 Dosen Cola zu ihren 3 Würstchen. Charlotte isst 1 Steak und trinkt dazu 2 Dosen Fanta. Auch die Freunde von Peter essen und trinken viel. Alle Schüler zusammen trinken 18 Dosen Cola und 16 Dosen Fanta.

Marie fühlt sich an dem Tag nicht so gut. Sie kommt erst 2 Stunden später und trinkt auch nur Kamillentee. Auch ein Würstchen mag sie nicht essen. Insgesamt wurden bei der Grillfeier von Magdalenas Klasse 35 Würstchen und 23 Steaks gegessen. Ihr Vater wunderte sich, dass insgesamt 40 Dosen Sprite getrunken wurden. Die Grillfeier endete nach drei Stunden.

Wie viele Dosen Cola wurden mehr als Fanta getrunken?

Die Lösung befindet sich am Ende des Kapitels

Selbstreflexion:

Angenommen, Sie sind ein Kind in der fünften Klasse. Sie sitzen vor dieser Matheaufgabe. Die Aufgabe verwirrt Sie sehr, da viele unwichtige Informationen enthalten sind. Weil Sie nicht wissen, wie Sie am besten vorgehen sollen, verlieren Sie auch schnell die Lust an der Aufgabe, werden zappelig und ärgerlich und wollen lieber etwas spielen. Sie rufen nach Ihrer Mutter. Die Lernkarten sind für Sie neu und interessieren Sie deshalb … Versuchen Sie, damit zu arbeiten. Wie würden Sie gerne dabei unterstützt werden?

Bitte stellen Sie sich nun vor, wie unterschiedliche Kinder in einer solchen Situation wohl reagieren könnten, und notieren Sie gegebenenfalls stichwortartig, was Ihnen dazu einfällt.

Resümee zum Thema Ziele

Für erfolgreiches Lernen ist es hilfreich, …

… Ziele zu formulieren;
… den Weg dorthin zu planen;
… den Weg in überschaubare Teilziele aufzuteilen und
… sich für kleine Erfolge zu loben.

Eltern-Kind-Aufgaben: Ziele, Planen mit Lernkarten und ein kleines Experiment

Vorschlag 1: Ziele:
Machen Sie sich bitte Gedanken zu folgenden Fragestellungen:

Welche Ziele habe ich für mein Kind?
Welche sind mir am wichtigsten?
Wo steht mein Kind zur Zeit im Hinblick auf meine Ziele?
Unterscheiden sich die Ziele meines Kindes von denen, die ich für mein Kind habe?
Finden Sie heraus, welche Ziele Ihr Kind hinsichtlich der Hausaufgaben, der Schule und des Lernens hat.
Die Ziele der Kinder können sehr unterschiedlich sein:
Eine Aufgabe in einer bestimmten Zeit zu erledigen; eine Aufgabe besonders ordentlich zu erledigen; auch die Aufgaben zu machen, die man nicht unbedingt machen muss; viel Material für ein Thema zu sammeln, welches gerade in der Schule be-

handelt wird; sich möglichst wenig ablenken zu lassen; die Hausaufgaben zu Ende zu machen, auch wenn man keine Lust mehr hat ......

Wie können diese Ziele erreicht werden? Hat Ihr Kind eine Idee? Hier kann es sinnvoll sein, die Lernkarten »Vor dem Lernen ...« zu verwenden.

Vorschlag 2: Planung

Setzen Sie sich mit Ihrem Kind zusammen und versuchen Sie herauszufinden, wie Ihr Kind sein Lernen (Hausaufgaben, Wörter lernen, Lernen für eine Klassenarbeit) plant.

Zeigen Sie Ihrem Kind die Strategie-Kärtchen »Vor dem Lernen«: »Zielsetzung« und »Planung«, und finden Sie heraus, ob es verstehen kann, was dabei wichtig ist. Erzählen Sie ihm zur Unterstützung die Geschichte aus »Alice im Wunderland« (sie befindet sich auf Seite 52).

Versuchen Sie auch Beispiele dafür zu finden, wie Sie selbst Aufgaben planen, und erklären Sie Ihrem Kind, welche Erleichterungen das für Sie konkret mit sich bringt.

Vorschlag 3: »Ein kleines Experiment«:

Sprechen Sie mit Ihrem Kind und finden Sie heraus, ob Ihr Kind weiß, was Ziele bedeuten und wozu Ziele gut sein können. Erklären Sie es ihm anhand eines einfachen Beispiels.

Lassen Sie Ihr Kind ein Ziel, das es innerhalb einer Woche erreicht haben möchte, auf ein Blatt Papier schreiben. Das Papier soll es anschließend in einen Briefumschlag legen, der zugeklebt wird. Sie verwahren den Brief für Ihr Kind und geben ihn am Ende der Woche ungeöffnet zurück. Ihr Kind hat dann die Möglichkeit, selbst zu sehen, inwieweit es sein Ziel erreicht hat.

Lösung Matheaufgabe:

Sie werden sicherlich gemerkt haben, dass in der Textaufgabe viele Informationen stecken, die zur eigentlichen Berechnung nicht notwendig ist. Deshalb ist es hier sinnvoll, das Prinzip »Unwichtiges wegstreichen« zu nutzen. In diesem Fall sind für die Lösung der Aufgabe nur zwei Sätze wichtig:

Wie viele Dosen Cola wurden mehr getrunken als Fanta?

Zusammen trinken sie 18 Dosen Cola und 16 Dosen Fanta.

Daraus folgt: Rechnung: $18 - 16 = 2$

Antwort: Es wurden zwei Dosen mehr Cola als Fanta getrunken.

Kapitel 3 Während des Lernens – Mitten drin

Anfangen und dranbleiben

Anfangen und dranbleiben

In diesem Kapitel geht es um Strategien, die Ihrem Kind den Anfang des Lernens und das Durchhalten während des Lernens erleichtern. Beides ist alles andere als selbstverständlich. »Aller Anfang ist schwer« – das ist eine Binsenweisheit, und Kindern geht es da nicht anders als allen anderen Menschen auch. Für ein Schulkind stellt sich vielleicht die Frage, zu welchem Zeitpunkt es am besten anfängt oder mit welchem Aufgabenbereich es beginnt. Und wenn der Anfang dann geschafft ist, dann kann es natürlich auch vorkommen, selbst wenn das Ziel klar vor Augen steht, dass Ihr Kind vielleicht zunächst voller Energie anfängt, dann aber unterwegs abbricht und die angefangene Aufgabe nicht zu Ende führt.

Abschnitt des eigentlichen Lernens

Im Folgenden erläutern wir, wie Sie mit Selbstmotivationsstrategien solche Schwierigkeiten während des Lernens erfolgreich bewältigen können. Außerdem zeigen wir Möglichkeiten auf, wie Sie Ihr Kind unterstützen können, die Konzentration und Aufmerksamkeit während der Bearbeitung einer Aufgabe aufrechtzuerhalten.

Fallbeispiel: Start in den Tag:
Der Tag der Familie Schlumpeter beginnt jeden Morgen um 6.00 Uhr mit dem Klingeln des Weckers im elterlichen Schlafzimmer. Mutter Christine und Vater Walter ins Bad, machen sich fertig, trinken gemeinsam eine Tasse Tee und wecken um 6.45 Uhr Sebastian und Annika. Während die Kinder sich anzie-

hen, bereitet Christine das Frühstück vor, und Vater Walter kümmert sich um die Pausenbrote der Kinder. Nach dem Frühstück verlassen alle gemeinsam um 7.30 Uhr das Haus. Mutter Christine fährt mit dem Bus ins Büro, Vater Walter bringt die Kinder zur Schule. Es gibt viele Dinge, die an diesem Tag auf Walter und Christine einstürmen: Eine Besprechung mit dem Chef, ein dringend zu erledigender Auftrag, verschiedene Briefe, die noch abgeschickt werden müssen, Kinder von der Schule abholen, Mittagessen kochen, Einkauf tätigen, Fußballtraining, und, und, und ...
Vielleicht kommt Ihnen diese Situation bekannt vor?

Selbstreflexion:
Überlegen Sie, welche Aufgaben Sie jeden Tag zu erledigen haben, und stellen Sie sich folgende Fragen:
Was hilft mir, mich jeden Morgen den Anforderungen des Tages zu stellen?
Wie kann ich mich selbst am Anfang des Tages motivieren?
Was hilft mir, wenn ich einmal keine Lust habe? Wie halte ich trotzdem durch?
Welche Schwierigkeiten können auftreten, und was kann ich dagegen tun?

»Aller Anfang ist schwer ...«

Hausaufgaben sind in vielen Familien ein Konfliktthema. Immer wieder kommt es zu Diskussionen, Wut, Streit und Tränen. Wie können Sie das verhindern? Zuerst geht es immer um das Anfangen. Das heißt, dass es wichtig ist, *wie* Kinder in eine Hausaufgabensituation starten. Sind sie schon wirklich zu Hause »angekommen«? Gab es schon Gespräche darüber, wie der Tag war, was das Kind alles er-

Thema Hausaufgaben

lebt hat, was es für heute an Aktivitäten plant, ob es sich z. B. verabredet hat usw.? Auch uns Erwachsenen fällt das Anpacken neuer Aufgaben leichter, wenn wir zunächst darüber reden können, wie es uns jetzt grade geht, und nicht von einer Anstrengung gleich zur nächsten übergehen müssen.

Den richtigen Zeitpunkt zum Anfang finden

Fragen Sie sich, wenn Sie Ihr Kind nach der Schule erleben: Kann sich mein Sohn, meine Tochter schon wieder konzentrieren, oder benötigt Ihr Kind noch eine Pause? Eltern sollten nach der Schule und beim gemeinsamen Mittagessen auf die Signale achten, die sie an ihren Kindern bemerken: Sind die Kinder nach dem Essen gleich wieder fit, um ihre Aufgaben anzupacken? Oder brauchen sie erst einmal Ruhe- und Erholungszeiten, um ihre Hausaufgaben zu meistern? Beides ist möglich; wichtig ist jedoch, dass die Hausaufgaben in einer Zeit stattfinden, die jeden Tag ungefähr gleich bleibt. Die Kinder sollten also zu einem immer ungefähr gleichen Zeitpunkt mit ihren Aufgaben anfangen. Dadurch werden Hausaufgaben für Ihr Kind zur Gewohnheit, und diese Regelmäßigkeit der Gewohnheit ist eine große Erleichterung, wenn es um das Anfangen geht.

Ich mache das nachher

Manchmal gibt es Tage, an denen Kinder – genauso wie wir Erwachsene – immer wieder neue Gründe finden, um das Anfangen aufzuschieben. Alles andere ist viel wichtiger, und zum Schluss sind die Hausaufgaben ganz vergessen … Davon handelt das folgende Beispiel:

Fallbeispiel: Annika und die Hausaufgaben

Annika hat sich vorgenommen und ist fest entschlossen, täglich zwischen 15 und 18 Uhr ihre Hausaufgaben zu erledigen. Jeden Tag sitzt sie pünktlich um 15 Uhr an ihrem Schreibtisch und ordnet sorgfältig alles, was sie für ihre Arbeit benötigt. Wenn sie sich alles sauber zurechtgelegt hat, sortiert sie das Ganze noch einmal neu. Während sie vor sich »hinwurschtelt«, erinnert sie sich, dass sie gestern mit einem spannenden Kapitel in einem Buch angefangen hat, das sie eigentlich noch fertig lesen wollte. Annika ist überzeugt, dass sie erst das Kapitel zu Ende lesen muss, da sie sich sonst auf gar keinen Fall auf ihre Hausaufgaben konzentrieren kann.

Sie steht also vom Schreibtisch auf, liest das Kapitel und stellt dabei fest, dass es noch weitere interessante Geschichten zu lesen gibt, die sie auch noch nicht kennt. Außerdem fällt ihr siedend heiß ein, dass bald ihre Lieblingssendung im Kinderkanal läuft. Die kann sie unmöglich verpassen! An diesem Punkt überlegt sie: »Ich habe einen anstrengenden Vormittag hinter mir, und es dauert nicht mehr lang, bis das Programm beginnt. Vorher schaffe ich die Hausaufgaben sowieso nicht mehr, also schalte ich am besten gleich ein. Ich erhole mich jetzt ein bisschen von meinem anstrengenden Tag; nachher bin ich dann ausgeruht und kann bestimmt viel konzentrierter lernen.« Um halb fünf kehrt sie an den Schreibtisch zurück, weil der Anfang des nächsten Programms auch ganz interessant war.

Nun setzt Annika sich, fest entschlossen die Hausaufgaben zu erledigen, bequem hin, öffnet das erste Schulbuch und beginnt zu lesen; doch da melden sich heftige Anzeichen von Hunger und Durst. »Das darf man nicht leicht nehmen: denn je länger man damit wartet, diese wichtigen Bedürfnisse zu befriedigen, umso schlimmer werden die Qualen, und umso größer ist die Störung der Konzentrationsfähigkeit«, denkt Annika. Gedacht, getan. Nachdem dieses letzte Hindernis beseitigt ist, kehrt sie

> mit der Gewissheit an den Schreibtisch zurück, dass nichts mehr ihre Hingabe an das Lernen stören kann – aber jetzt springt die Katze auf ihren Schreibtisch, legt sich auf ihr Buch und beginnt zu schnurren. »Also gut, alter Kumpel!«, denkt Annika, und beginnt die Katze zu streicheln ...
> Gegen 18.00 Uhr schaut Christine kurz in das Kinderzimmer, um zu sehen, wie weit Annika mit ihrer Arbeit ist und um sie zum Abendbrot zu rufen. Sie entdeckt sie allerdings nicht am Schreibtisch, sondern vor dem Computer, wo sie damit beschäftigt ist, ein neues Spiel auszuprobieren ...

Unser Beispiel zeigt, was fast jeder Schüler gerne macht: Hausaufgaben vor sich herschieben und sich stattdessen von anderen Dingen ablenken lassen. Alles andere ist wichtiger als die Aufgaben, die dann schließlich nur oberflächlich oder überhaupt nicht erledigt werden. Die Folge sind Streitereien zwischen den empörten Eltern und ihren Kindern, was zu schlechter Stimmung führt und die Bereitschaft, sich an die Hausaufgaben zu setzen, noch weiter vermindert.

Was können wir tun, um solche Konfliktherde einzudämmen oder ganz zum Verschwinden zu bringen?

Welchen Sinn haben Hausaufgaben?

Berechtigte Kritik an Hausaufgaben? An manchen Tagen kommen die Kinder aus der Schule und haben keine Lust auf Hausaufgaben. Sie meckern über die Lehrer, die ihnen wieder mal viel zu viel aufgegeben haben. Wenn Sie sich an Ihre eigene Schulzeit erinnern, kennen Sie diese Gefühle wahrscheinlich auch. Deshalb ist es wichtig, die Situation genau zu hinterfragen: Äußert das Kind berechtigte Kritik an den Hausaufgaben oder gibt es andere Gründe?

Kinder sind (genau wie wir Erwachsene) auch gerne mal faul und lassen die Seele baumeln. Wenn Faulheit der Grund für den Protest ist, dann können Sie mit Ihrem Kind besprechen, dass die Schule die »Arbeit« darstellt, die das Kind zu erledigen hat – genau so wie die anderen Familienmitglieder das auch mit ihren je eigenen Aufgaben (Beruf, Hausarbeit und so weiter) tun müssen. Das Kind hat also eine Verpflichtung, die Hausaufgaben zu erledigen. Um diese Pflicht akzeptieren zu können, kommt es nun aber vor allem darauf an, dass Sie Ihrem Kind klar vermitteln, warum es diese Verpflichtung gibt, also: warum Hausaufgaben wichtig sind.

Wenn Kinder nämlich begreifen wozu die Hausaufgaben gut sind, dann ist ihre Motivation, sie zu erledigen, sicherlich höher, als wenn sie das Gefühl haben, dass der Lehrer sie nur ärgern will.

Und wozu machen Schüler nun Hausaufgaben? Es gibt viele Gründe, warum Hausaufgaben eine sinnvolle und notwendige *Ergänzung zum Unterricht* sind:

> **Warum sind Hausaufgaben wichtig?**

- ▓ Ihr Kind kann das im Unterricht erworbene Wissen üben und dadurch *vertiefen* und *festigen*.
- ▓ Transferaufgaben sind Aufgaben, die den in der Schule behandelten oder geübten Aufgaben nicht ganz genau, sondern nur zum Teil entsprechen. Durch derartige Aufgaben kann das Kind üben, das gelernte Wissen und die neu erworbenen Fertigkeiten auch *auf neue Lernsituationen zu übertragen*.
- ▓ Hausaufgaben dienen schließlich zur *Vorbereitung auf die folgenden Unterrichtsstunden*. Durch Hausaufgaben

kann Ihr Kind seinen *Lernerfolg überprüfen, Lücken feststellen* und diese *ausgleichen*.

■ Hausaufgaben fördern und üben das *selbstständige Arbeiten*.

Wenn wir unserem Kind den Sinn von Hausaufgaben nahegebracht haben, heißt das natürlich noch lange nicht, dass ihm die Aufgaben jetzt automatisch auch Spaß machen. Um so weit zu kommen, stellen wir in den folgenden Abschnitten weitere Hilfen vor, die die Freude an den Hausaufgaben und die Fähigkeit zum selbstständigen Arbeiten befördern.

Wie kann ich mich selbst motivieren?

Selbst-
motivation

Viele Eltern klagen darüber, dass ihre Kinder die Hausaufgaben nur lustlos erledigen und relativ viel Zeit dafür benötigen. Dieses Problem hat unter anderem mit der Fähigkeit zu tun, sich selbst zu motivieren. Deshalb gehen wir in diesem Kapitel auf verschiedene Möglichkeiten der Selbstmotivation näher ein. Wir stellen Ihnen Strategien vor, die Ihrem Kind helfen können, Aufgaben nicht nur anzufangen, sondern auch dran zu bleiben.

Folgende Maßnahmen können Ihrem Kind dabei helfen, »bei der Sache« zu bleiben:

Organisierter Arbeitsplatz

Hilfreiche
Strategien

Zunächst ist es wichtig, dass sich nur die notwendigen Hilfsmittel am Arbeitsplatz Ihres Kindes befinden. Auf dieses Thema wurde auch schon in Kapitel 1 eingegangen (vgl. oben S. 41–44).

Gewohnheiten

Gewohnheiten wie etwa feste Anfangszeiten helfen, dass sich Ihr Kind an bestimmte Hausaufgaben- und Lernzeiten gewöhnt. Ebenso wichtig ist ein fester Arbeitsplatz. So fällt es leichter, mit den Hausaufgaben anzufangen. Wenn nämlich das Problem nur darin besteht, mit dem Lernen anzufangen, dann vor allem sind feste Angewohnheiten sehr hilfreich. Diese Strukturen integrieren die Hausaufgaben ganz natürlich in den Tagesablauf. Ebenso wie Ihr Kind sich morgens nach dem Frühstück die Zähne putzt, kann es nach dem Mittagessen und einer festgelegten Zeit, die es für seine Erholung braucht, mit den Hausaufgaben anfangen.

Ziele verfolgen und beobachten

Ziele sind, wie im vorherigen Kapitel besprochen, ein Teil der Motivation. Sie helfen Ihrem Kind, seine Aufgabe auszuführen, Pläne in die Tat umzusetzen und Erfolge zu erleben, wenn es sie erreicht hat.

Selbstanweisungen

Selbstanweisung bedeutet, dass sich Ihr Kind laut oder in Gedanken vorsagt, wie es genau vorgehen will, um sein Ziel zu erreichen. Zum Beispiel: Ich hole mir jetzt mein Lateinbuch aus dem Ranzen, schreibe die Vokabelportion, die wir heute neu aufbekommen haben, auf Vokabelkärtchen, und mache dann einen ersten Lerndurchgang.

Belohnungen als Motivation

Belohnungen stellen positive Konsequenzen einer Arbeit dar. Auf einem Zettel kann Ihr Kind z.B. notieren, was es als Belohnung für die Erreichung eines Ziels plant (z.B. einen Comic lesen, PlayStation spielen). Wichtig ist, dass es sich nicht schon während der Hausaufgaben belohnt oder bevor

Hilfreiche Strategien

es fertig ist, sondern immer erst dann, wenn das Ziel auch wirklich erreicht ist – wenn also zum Beispiel sämtliche Vokabeln auf den Kärtchen stehen und in einem ersten Lerndurchgang angeeignet sind.

Pausen machen und Aufgaben in Portionen aufteilen

Pausen kann Ihr Kind selbstständig einplanen. Sie sind eine Motivierungshilfe und teilen gleichzeitig die Hausaufgaben in kleine, überschaubare und sinnvolle Einheiten ein. Natürlich sollte die Anzahl und Dauer von Pausen in einem ausgewogenen Verhältnis zu den Arbeitszeiten stehen. Außerdem sollte die Anzahl und Länge der Pausen vorher eingeplant werden.

Abwechslung

Ähnlich wirksam wie das »Pausieren« ist auch die *Abwechslung zwischen verschiedenen Stoffgebieten.* Lernpsychologische Untersuchungen haben gezeigt, dass zwischen ähnlichen Stoffen, z. B. Englisch- und Französischvokabeln, *»Ähnlichkeitshemmungen«* auftreten können. Das bedeutet, dass Ihr Kind, nachdem es seine Englischvokabeln gelernt hat, nicht direkt die Französischvokabeln anschließen sollte, da es sonst zu Verwechslungen kommen kann. Wir können das umgehen, indem wir zwischen zwei ähnliche Aufgabenkomplexe (etwa Fremdsprachen) ein gänzlich anders gelagertes Arbeitsgebiet (etwa die Matheaufgaben) einschieben.

Selbstermutigung

Indem sich Ihr Kind klar macht, was es schon kann, was es schon erreicht hat und welche Fähigkeiten es hat, sein Ziel zu erreichen, kann es sich selbst ermutigen. Es ist deshalb hilfreich, wenn es sich Situationen in Erinnerung ruft, in denen es vielleicht wenig Lust zum Lernen hatte und es trotzdem geschafft hat.

An die Folgen denken

Es ist wichtig, sich über die Folgen des eigenen »Tuns« bzw. »Nichtstuns« Gedanken zu machen. Ein Beispiel: Annika möchte eine gute Note in Mathe. Wenn sie Glück hat, erreicht sie dieses Ziel ohne eigene Anstrengung, da sie immer wieder die Erfahrung macht, dass es auch ohne Hausaufgaben einigermaßen geht. Wenn sie es mit ihrem Ziel allerdings ernst meint und wirklich sicher gehen will, dann sollte sie sich darauf einlassen, regelmäßig ihre Hausaufgaben in Mathematik zu erledigen und auch rechtzeitig anfangen, sich auf Klassenarbeiten vorzubereiten. Das hätte den angenehmen Nebeneffekt, dass sie auch im Unterricht mehr verstehen würde und aktiver teilnehmen könnte. Das ganze Fach würde ihr mehr Spaß machen, da sich als Belohnung für ihre Arbeit mit Sicherheit auch bessere Noten einstellen werden.

Diese Liste kann natürlich noch ergänzt werden. Vielleicht fallen Ihnen oder Ihrem Kind noch weitere Dinge ein, die Ihr Kind dabei unterstützen können, sich für das Erledigen von Hausaufgaben zu motivieren.

Selbstreflexion:
Welche Selbstmotivationsstrategien wende ich im Alltag schon an?
Welche sind meine persönlichen Favoriten?
Welche sind mir neu?

Welche Strategien wendet mein Kind an?
Welche könnten ihm noch weiterhelfen?

Tipps von Schülern für Schüler

Tipps zum
Thema
Arbeitsplatz Wir haben den Schülern, die an einem unserer Trainingsprogramme teilgenommen haben, einige Fragen zum The-
ma Arbeitsplatz gestellt. Die Antworten, die in einzelnen
Gruppen gemeinsam erarbeitet wurden, sind im Folgenden
aufgeführt.

Was ist ein fester Arbeitsplatz?

- Schreibtisch in einem Raum, in dem man ungestört arbeiten kann

Wie sollte ein fester Arbeitsplatz beschaffen sein?

- Raumtemperatur bei etwa 18–20° Celsius
- Nötig ist eine Schreibtischlampe mit einer hellen Glüh-
birne (60 Watt). Für Rechtshänder sollte das Licht von
links kommen, damit der Arm keinen Schatten auf das
Papier wirft, für Linkshänder genau umgekehrt.
- Atmosphäre, in der man sich wohlfühlt (Bilder an den
Wänden; Pflanzen)
- Alle notwendigen Materialien in Reichweite (Schreib-
zeug, Papier, Lineal, Spitzer, Radiergummi, …)
- Ordnung: Man sollte nur die Bücher und Hefte auf
dem Schreibtisch haben, die man für die Arbeit gerade
braucht (z.B. nur Englischbücher). Diese dann wegpa-
cken, wenn man mit dem Fach fertig ist, und die nächsten herausholen.

Warum sollte jeder einen festen Arbeitsplatz haben?

- Man ist an diesem Platz darauf eingestellt zu arbeiten.
- Man kann sich besser konzentrieren.
- Man hat alles Notwendige gleich zur Hand.

Eine weitere Strategie besteht darin, Hausaufgaben in kleinere Einheiten einzuteilen. Die Schüler gaben dazu folgende Auskunft:

Wie teile ich mir die Hausaufgaben am besten ein?

- Für jedes Fach genau aufschreiben, welche Aufgaben zu erledigen sind.
- Portionen planen (Dauer ungefähr 15–30 Minuten), z.B. 15 Minuten Englisch-Vokabeln, 20 Minuten Mathematikaufgaben …
- Pausen einplanen
- Für jede Aufgabe, die im Hausaufgabenheft steht, eine extra Zeile auf einem Zettel aufschreiben oder einen extra Zettel anfertigen. Zettel gut sichtbar aufhängen. Immer dann, wenn eine Aufgabe erledigt ist, die Zeile auf dem Zettel durchstreichen oder den eigens dafür geschriebenen Zettel wegwerfen. So hat man den eigenen Fortschritt plastisch vor Augen und kann sich darüber freuen!

Eine andere Schülergruppe wurde von uns aufgefordert, Tipps für Schüler zu formulieren, die ihre Hausaufgaben gerne aufschieben.

Was kann ich gegen das Aufschieben tun?

- Wähle einen festen Zeitpunkt, damit dir das Lernen und das Erledigen der Hausaufgaben zur Gewohnheit wird. Dann brauchst du nicht mehr darüber nachzudenken.
- Denke an dein Ziel.
- Suche dir Hilfe, wenn du nicht weißt, was du tun musst.
- Erst die leichten und interessanten Aufgaben bearbeiten. Damit schaffst du Erfolgserlebnisse.

- Mache dir die Folgen klar, die sich aus deinem Verhalten ergeben (positive und negative).
- Versprich dir eine Belohnung.

> **Selbstreflexion:**
> Denken Sie an eine ganz bestimmte Situation aus Ihrem Alltag:
> Was sind Ihre eigenen Ablenker (und Hindernisse), die Sie davon abhalten, eine Aufgabe anzufangen beziehungsweise eine angefangene Aufgabe auch zu Ende zu bringen?
> Überlegen Sie, durch welche Dinge sich Ihr Kind von den Hausaufgaben ablenken lässt.

»Ich kann mich heute einfach nicht konzentrieren!«

Es gibt Tage, an denen Kinder sich nach Kräften bemühen, die Hausaufgaben zügig zu erledigen, aber trotz des guten Willens fehlt ihnen die nötige Konzentration. Was ist Konzentration eigentlich? Und was kann man gegen mangelnde Konzentration tun?

> **Definition: Konzentration**
> Konzentration bedeutet, sich ganz und gar mit einer Sache oder einem Gedanken beschäftigen zu können. Um einen optimalen Lernerfolg zu erzielen, müssen wir unsere ganze Aufmerksamkeit dem zu lernenden Thema widmen.

Förderung von Konzentration:

> **Fallbeispiel: Sebastian und das Lernen**
> Sebastian sitzt wie jeden Montagmorgen im Deutschunterricht. Heute gibt sein Lehrer die Klassenarbeit zurück. Sebastian schlägt sein Heft auf: 5! Wieder eine 5! Er ist kurz vorm Verzwei-

feln. Dabei hat er das Buch, das in der Klassenarbeit Thema war, doch wirklich gelesen! Aber offenbar war Sebastian nicht der einzige, der diese Arbeit verhauen hat. Deshalb kündigt Sebastians Deutschlehrer an, dass die Arbeit am Freitag wiederholt wird. Sebastian ist über die neue Chance sehr glücklich – kein Wunder bei seiner Note! Er beeilt sich, nach der Schule nach Hause zu kommen, und fängt sofort mit dem Lernen an. Eine Stunde nach der anderen vergeht, Sebastian verlässt seinen Schreibtisch nur kurz zum Abendessen und lernt danach bis zum Schlafengehen weiter. Das macht er die ganze Woche bis zum Freitag, und seine Eltern sind schlichtweg begeistert. Aber er hat nicht wirklich das Gefühl, viel dazuzulernen, und als er dann am Freitag die Arbeit schreibt, kann er sich an kaum etwas von dem Gelernten erinnern. Und als Sebastian eine Woche später seine Arbeit zurückbekommt, ist es wieder eine 5 ...

Wie können wir solche Enttäuschungen vermeiden? Sebastians Misserfolg hängt wahrscheinlich damit zusammen, dass er zwar viel Zeit mit der Vorbereitung verbracht hat. Allerdings hat er nicht daran gedacht, dass allein die Zahl der Stunden, die er am Schreibtisch saß, noch keine gute Arbeit garantieren. Genau so wichtig wie die Zeit ist die Qualität der Arbeit – was nützen fünf Stunden Pauken, wenn wir uns nicht konzentrieren können? Um effektiv zu lernen, ist es also sehr wichtig, die Konzentration aufrecht zu erhalten. Das erreichen wir mit so einfachen Mitteln wie frischer Luft und so angenehmen Dingen wie ausreichenden Pausen; aber auch Konzentrations- und Entspannungsübungen können helfen, bei der Sache zu bleiben. Konzentration können wir immer und überall trainieren. Jedes bewusste Handeln, bei dem es nicht einmal unbedingt um Leistung gehen muss, ist ein solches Training – das kann auch ein Spaziergang oder Musikhören sein. Wichtig ist, dass wir uns einer Tätigkeit ganz und gar widmen. Wenn eine längere Arbeitszeit nötig ist, dann arbeiten wir am besten mit einem Plan, in dem wir uns einen guten Rhythmus zwischen Arbeits- und Pausenzeiten notieren.

Es hat sich nämlich gezeigt, dass planvolle Pausen während der Arbeit die Leistung und Kreativität entscheidend erhöhen. Bezogen auf das Lernen zu Hause bedeutet das, dass sich der Stoff leichter im Gedächtnis verankert, wenn Ihr Kind zwischen den einzelnen Arbeiten kurze Pausen von fünf bis zehn Minuten einlegt. Ihr Kind kann sich erholen und hat dann wieder mehr Energie für die Aufgaben, die noch anstehen. In solchen Pausen kann man sich z.B. *körperlich entspannen und bewegen* (sich räkeln, Muskeln anspannen, auf der Stelle laufen …), oder *eine Phantasiereise unternehmen* (Augen schließen, vielleicht Musik hören, sich dabei an einen angenehmen Ort versetzen …), etwas essen oder trinken, Strichmännchen malen – also einfach »abschalten«.

Pausenlänge Die Länge der Pausen richtet sich nach der Zeit, die bereits gearbeitet worden ist:

> 1. Pause (ca. 5 Minuten): nach 20 Minuten Arbeit
> 2. Pause (ca. 10 Minuten): nach 45 Minuten Arbeit
> 3. Pause (ca. 15 Minuten): nach 60 Minuten Arbeit
> 4. Pause (ca. 30 Minuten): nach 90 Minuten Arbeit

Strategien zur Konzentrations-förderung Wir können im Alltag immer wieder Situationen schaffen, in denen die Konzentrationsfähigkeit (auch die der Eltern!) gefördert werden kann. Alle Tätigkeiten, bei denen wir unsere Sinnesorgane bewusst einsetzen, können in diesem Sinne genutzt werden, so zum Beispiel:

Bewusstes Hin- und Zuhören

Bei einem Spaziergang zwischendurch die Augen schließen und bewusst allem lauschen, was zu hören ist. Wer hört die meisten Geräusche?

Hörschwelle austesten: Wie leise kann ich das Radio stellen, bis ich nichts mehr verstehe?

Bewusstes Hinschauen

Spiele wie »Ich sehe was, was du nicht siehst« fördern eine differenzierte visuelle Wahrnehmung.

Bewusstes Riechen und Schmecken

Riechtests mit verschiedenen Substanzen, Kochen mit frischen Zutaten, usw.

Tast- und Hauteindrücke

Mit geschlossenen Augen Gegenstände ertasten, im Sand spielen, …

Motorische Geschicklichkeit

Mikadospiel, Jonglieren, Einrad fahren, Schaukeln, Trampolin springen, auf einem Sitzball balancieren, …

Gedächtnisübungen

Konzentrationsspiele wie z.B. Kofferpacken (1. Ich packe einen Koffer und lege eine Hose hinein, 2. Ich packe einen Koffer und lege eine Hose und ein T-Shirt hinein usw.).

Bewegung ins Lernen einbauen:

z.B. beim Abfragen sich gegenseitig einen Ball zuwerfen, beim Vokabel- oder Gedichtlernen auf- und abgehen.

Dies ist eine Auswahl von Möglichkeiten. Sie können gerne mit Ihrem Kind gemeinsam überlegen, welche Übungen Sie ausprobieren wollen. Vielleicht haben Sie gemeinsam auch noch weitere Ideen?

Tipps von Schülern für Schüler zum Thema Konzentration

Eine Gruppe von Schülern und Schülerinnen hat Fragen zum Thema »Aufmerksamkeit und Konzentration« beantwortet:

 Was heißt Konzentration?
Konzentration bedeutet, dass man sich nur mit einer Sache beschäftigt und alles andere ausschließt.

 Warum ist Konzentration bei den Hausaufgaben und beim Lernen so wichtig?
Weil sich die Inhalte nicht richtig einprägen, wenn man sich von anderen Sachen ablenken lässt.

 Wodurch kann man abgelenkt werden?
Zum Beispiel durch das Wetter – durch Pläne fürs Wochenende – in Gedanken bei Freunden sein; durch Hunger, Durst – durch Störungen von außen, zum Beispiel Gespräche vor meiner Zimmertür oder meinem Fenster; durch Krach auf der Straße; und vieles mehr.

Welche Abschnitte gibt es bei der Bearbeitung der Hausaufgaben?

Kräfte einteilen

Es ist für Ihr Kind außerdem wichtig zu wissen, wie es seine Hausaufgaben sinnvoll einteilen kann. Stellen Sie sich das Lernen als einen Weg mit drei Abschnitten vor: die Abschnitte des Aufwärmens, der Konzentration, und ein Lese- und Wiederholungsabschnitt (siehe auch Eltern-Kind-Aufgabe, Vorschlag 2).

Reihenfolge der Aufgaben

Aufwärmen – auch ein Sportler muss sich erst einmal warmlaufen

Kein Leichtathlet kann aus dem Stand einen Hundert-Meter-Lauf absolvieren; ebenso wenig würde es einem Fußballspieler einfallen, sich ohne Aufwärmübungen in ein entscheidendes Spiel zu stürzen. Und auch Ihr Kind sollte mit solchen Dingen anfangen, die ihm Freude machen und bei denen es sich noch nicht extrem anstrengen muss: Das können Fächer sein, die ihm leicht fallen und von denen es weiß, dass die Aufgaben ihm leicht von der Hand gehen, oder auch Aufgabenformen, die ihm mehr Spaß machen als andere und so einen guten Motivationsgrundstein für die folgenden Aufgaben legen können. Die Erledigung solcher Aufgaben schafft ein erstes Erfolgserlebnis. Grundsätzlich sollten am Anfang des Lernens also immer Inhalte stehen, die spontanes Interesse und Lernbereitschaft herausfordern.

Konzentration – Jetzt geht's richtig los!

Nach einer solchen Phase des »Warmwerdens« mit der Hausaufgabensituation kann Ihr Kind schwierigere Aufgaben erledigen, die Konzentration und Ausdauer erfordern. Denn wie ein Spitzensportler ist es nun »warmgelaufen« und voll einsatzbereit. Diese Anforderungen werden z.B. durch schriftliche Aufgaben an die Kinder gestellt, in denen Rechnungen durchgeführt werden müssen oder bei denen es auf exakte Formulierungen ankommt. Auch Vokabellernen und Übersetzungen gehören hierher.

Lesen und Wiederholen – das Auslaufen

Gerade wenn bereits ein ganzer Schultag hinter Ihrem Kind liegt, kann es nur eine gewisse Zeit mit hoher Konzentration arbeiten. Auch ein Sportler, der gerade eine Höchstleistung vollbracht hat, muss nun langsam seinen Puls wieder regulieren, indem er sich noch »ausläuft«. Die Zeit, um neuen Wissensstoff zu erarbeiten oder zu lernen, ist also begrenzt.

Trotzdem kann Ihr Kind in diesem dritten Abschnitt sinnvolle Arbeit leisten: Es kann Inhalte, die es sich lesend angeeignet oder herausgearbeitet hat, noch einmal wiederholen; die neu gelernten Vokabeln werden ein letztes Mal durchgenommen; wir können überprüfen, ob das auswendig gelernte Gedicht noch sitzt; und, nicht zu vergessen: In diesen dritten und abschließenden Abschnitt gehört auch, dass die Lernmaterialien an ihren Platz zurückgeräumt werden, dass der Schreibtisch wieder aufgeräumt wird und die Bücher und Hefte in den Ranzen gepackt werden, die am nächsten Tag gebraucht werden.

Lernkarten für das Thema »Während des Lernens«

Die folgenden Lernkarten helfen Ihnen und Ihrem Kind, sich in der Hausaufgabensituation an die Lerninhalte dieses

Kapitels zu erinnern. Sie finden sie auch als Kopiervorlage im Anhang (ab S. 184).

Strategie 1

Während des Lernens

Was muss ich tun, um ans Ziel zu kommen?

1. Denk an dein Ziel.
2. Fang zu einem festen Zeitpunkt mit dem Lernen an.
3. Teil dir die Hausaufgaben in Portionen ein.
4. Plane genügend Pausen ein.
5. Denk daran, was du schon alles geschafft hast.

Lernkarte: Was muss ich tun, um ans Ziel zu kommen?

Strategie 2

Während des Lernens

Wer oder was kann mir helfen?

1. Bearbeite erst eine leichte Aufgabe, damit du ein Erfolgserlebnis hast.
2. Du kannst Mitschüler oder Freunde um Hilfe bitten, wenn du nicht weißt, was du tun musst.
3. Du kannst dich vor Schulaufgaben mit Mitschülern in einer Lerngruppe treffen.
4. Versprich dir eine Belohnung.

Lernkarte: Wer oder was kann mir helfen?

Lernkarte:
Was kann ich
tun, wenn
Hindernisse
auftauchen?

Strategie 3

Während des Lernens

**Was kann ich tun, wenn
Hindernisse auftauchen?**

1. Denk an dein Ziel.
2. Such dir Hilfe.
3. Denk an deine Belohnung.
4. Versuch eine kurze Konzentrationsübung zu machen.
5. Mach dir auftretende Folgen klar (positive und negative).
6. Denk daran, wie du beim letzten Mal Hindernisse bewältigt hast.
7. Überlege, wie du gerade vorgehst und was du noch tun kannst.

Resümee zum Thema »Während des Lernens«

Wer Hausaufgaben macht oder lernt, sollte ...

… die eigene Lernumgebung angenehm gestalten,

… einen festen Arbeitsplatz haben,

… sich regelmäßige Arbeitszeiten festlegen und diese auch einhalten,

… für Abwechslungen sorgen (richtiger Aufgabenmix),

… regelmäßig Pausen machen,

… sich selbst beobachten und ermutigen, und schließlich

… nach getaner Arbeit die Belohnung nicht vergessen!

Eltern-Kind-Aufgaben: Sinn von Hausaufgaben, Einteilen, Ablenker, Entspannung und Konzentration

Eltern-Kind-Aufgabe: Sinn von Hausaufgaben
Damit Ihrem Kind der Sinn der Hausaufgaben in den verschiedenen Fächern klarer wird, können Sie gemeinsam überlegen, welchen Zweck die Hausaufgaben erfüllen sollen (z. B. Übung, Selbstkontrolle, Wiederholung).

Sprechen Sie mit Ihrem Kind und finden Sie heraus, ob es schon eine Einteilung bei den Hausaufgaben hat. Sie können ihm den Vorschlag machen, wie ein Sportler vorzugehen:

Eltern-Kind-Aufgabe: Hausaufgaben sinnvoll einteilen
»Mach es wie ein Sportler, der sich erst warmläuft, bevor er Spitzenleistungen erbringen kann: Fang also auch erst mit leichten Hausaufgaben an, die du gern machst. Kümmere dich erst danach um die schwierigeren Dinge.
Am Ende, wenn deine Konzentration vielleicht schon etwas nachlässt, solltest du wieder leichte Aufgaben erledigen, am besten die, die dir am liebsten sind. So behältst du den Lernstoff gut in Erinnerung und vergisst weniger.
Wenn du zur richtigen Zeit kleine Pausen machst, dann kannst du schneller und besser lernen und Aufgaben wirksamer bewältigen. Es gibt kein allgemeingültiges Maß, nach wie vielen Minuten man eine kurze Pause einlegen sollte. Das ist bei jedem Menschen anders. Beobachte dich selbst: Wenn deine Gedanken beginnen, abzuschweifen, wenn du anfängst, aus dem Fenster zu schauen oder mit etwas herumzuspielen, dann ist es Zeit für eine Pause. Lieber mehr und dafür kürzere Pausen machen.«

Fragen Sie Ihr Kind, wo es selbst Schwierigkeiten sieht und ob es Ihren Vorschlag ausprobieren möchte.

Sprechen Sie mit Ihrem Kind über folgendes Beispiel:

> **Eltern-Kind-Aufgabe: mit Ablenkern richtig umgehen**
>
> Annika sitzt an ihrem Schreibtisch und möchte eigentlich Hausaufgaben machen. Außerdem müsste sie noch für die bevorstehende Mathearbeit lernen. Als sie gerade ihr Vokabelheft aufmacht, sieht sie auf der Straße die Freundinnen aus der Nachbarschaft. »Hm, die haben Handtücher dabei. Ist ja klar, wo die jetzt hinwollen! Es ist ja auch wirklich super Wetter. Ich würde auch gerne ins Schwimmbad gehen.« Sie schaut ihren Freundinnen nach, wie sie davonradeln. Dann nimmt sie ihr Englischbuch und schlägt die Seite mit den Vokabeln auf, die sie abschreiben und lernen muss. »Caro ist bestimmt auch im Freibad. Die würde ich echt gerne treffen. Dann könnte ich sie fragen, ob sie Freitag mit mir ein Eis essen geht, oder ins Kino.«
>
> Annika fängt an, die Vokabeln abzuschreiben. »Eigentlich würde ich jetzt gerne gleich ein Eis essen ...«, denkt sie, nachdem sie erst ein paar Worte abgeschrieben hat. Sie steht auf und geht in die Küche, um sich aus der Kühltruhe ein Eis zu nehmen. In der Küche läuft im Radio ihre Lieblingsmusik. Annika setzt sich an den Küchentisch und genießt ihr Eis. Nachdem ihr Lieblingslied vorbei ist, fällt ihr ein, dass sie ja lernen wollte, also geht sie zurück in ihr Zimmer und schreibt weiter Vokabeln ab. Gerade als sie mit der Seite fertig ist und zu lernen beginnen will, klingelt das Telefon. Annika steht auf ...

Überlegen Sie gemeinsam mit Ihrem Kind:

Ist es dir das auch schon so ergangen, dass du zwar genau wusstest, was du erledigen musst, aber ständig von irgendetwas abgelenkt wurdest?

Was meinst du, was Annika helfen würde?

Was könnte Annika tun?

Wovon wirst du abgelenkt?

Fällt dir vielleicht auch für dich selbst etwas ein, was du gegen deine Ablenker tun könntest?

Anschließend können Sie – Mutter oder Vater – ja auch aus Ihrer eigenen Erfahrung berichten, was Sie dagegen unternehmen, wenn Sie merken, dass etwas Sie von der Arbeit ablenkt.

> **Eltern-Kind-Aufgabe: Hausaufgaben aufschieben**
>
> Es ist 14.00 Uhr, Niklas ist gerade von der Schule gekommen und hat etwas gegessen. Er hat ziemlich viele Hausaufgaben zu machen und müsste außerdem noch für eine Mathearbeit lernen, aber er hat überhaupt keine Lust dazu. Jetzt gerade fällt ihm kein Grund ein, warum er mit diesem Riesenhaufen an Arbeit überhaupt anfangen soll. Er würde jetzt viel lieber fernsehen, Musik hören, Inline-Skaten – einfach etwas ganz anderes machen und die Hausaufgaben – na ja, die können doch ruhig noch eine Weile warten!

Fragen Sie Ihr Kind:

Kennst du auch das Gefühl, wenn du überhaupt kein Ende siehst, weil du merkst, dass der Berg von Aufgaben einfach zu groß ist?

Was tust du in einer solchen Situation? Wie motivierst du dich?

Was hilft dir, gleich mit den Hausaufgaben zu beginnen, wenn du es dir vorgenommen hast, und sie nicht vor dir her zu schieben?

Beispiel einer Phantasiereise für Schülerinnen und Schüler (als Material wird ein glatter farbiger Stein benötigt; aus Petermann, 2000)

Eltern-Kind-Aufgabe: Phantasiereise (Entspannung) und Konzentrationsübung

Stell dir vor, du bist auf dem Weg zur Schule. Du gehst bedrückt, weil du an die Klassenarbeit denkst, die heute geschrieben werden soll. Unterwegs begegnest du einem alten, geheimnisvollen Mann. Dieser schenkt dir einen funkelnden Stein. Dabei legt er dir seine Hand auf die Schulter und spricht mit tiefer, ruhiger Stimme: »Dies ist der Stein der Weisheit! Mit diesem Stein in der Hosentasche wird dir heute alles spielend gelingen.« Verwundert betrachtest du den Stein. Rund und geschmeidig liegt er in deiner Hand. Du staunst über die vielen Farben ... Gerne möchtest du den alten Mann noch etwas fragen, aber der ist nirgends mehr zu sehen. Mit dem Stein in der Hand läufst du weiter ... Aber was ist das? Dir ist, als würdest du plötzlich leichter gehen ... Dein mulmiges Gefühl wegen der Klassenarbeit ist wie weggeblasen ... So erreichst du schon bald die Schule und gehst in dein Klassenzimmer. Hier steckst du den geheimnisvollen Stein in deine Hosentasche. Fröhlich begrüßt du deine Freunde ... Dann kommt der Lehrer und teilt die Arbeitshefte und Aufgabenblätter aus. »Das schaff' ich mit links«, sagst du dir ... Ganz ruhig und gelassen verschaffst du dir einen Überblick ... Die Aufgaben kommen dir relativ leicht vor. Voller Zuversicht machst du dich ans Werk. Dein Kopf ist klar und frei. Du bist mit deinen Gedanken ganz bei der Sache. So fließen dir die Lösungen nur so aus der Feder ... Am Ende bleibt dir genügend Zeit, alles noch einmal zu überprüfen ... Du bist sehr zufrieden mit dir ... »Ich hab's geschafft!« ... Voller Stolz gibst du dein Heft ab ...

Für viele Kinder hat das Erlebnis »Ruhe« eine wohltuende Wirkung. Entspannung fördert die Konzentration, die Motivation und das Lernen. Die Geschichte in unserem Beispiel unterstützt eine positive und erfolgszuversichtliche Einstellung und macht es leichter, mit schwierigen und / oder umfangreichen Arbeiten anzufangen.

Wenn Schüler sich in ihrer Phantasie beim Lernen sicher und erfolgreich erleben, kann das eine günstige Wirkung auf ihre Lernmotivation haben. Es stärkt außerdem ihr selbstverantwortliches Handeln.

Es gibt natürlich sehr viel Literatur zum Bereich Entspannung und Phantasiegeschichten. Suchen Sie sich einfach eine Geschichte aus, die Ihnen und Ihrem Kind gut gefällt. In Kapitel 6 (S. 148–153) finden Sie ein weiteres Beispiel für eine Phantasiereise.

Die folgende Konzentrationsübung kann Ihrem Kind vor der Bearbeitung einer Aufgabe helfen, sich zu sammeln und zu konzentrieren:

Eltern-Kind-Aufgabe: Konzentrationsübung »Einen Punkt auf der Stirn sehen«
Schließ die Augen und stell dir vor, dass sich zwischen deinen Augen auf deiner Stirn ein schwarzer Punkt befindet. ... Du siehst jetzt, wie der Punkt größer wird ... und dann, wie er wieder kleiner wird. ... Dann verändert der Punkt seine Farbe. Zuerst ist er rot, ... dann wird er blau ... und am Ende ist er leuchtend gelb ... er wird immer heller – bis er ganz verschwunden ist.

Kapitel 4 Nach dem Lernen
ist vor dem Lernen

Ergebnis bewerten und Stärken stärken

Endlich fertig! Die Vokabeln sind gelernt, das Kapitel aus dem Physikbuch durchgelesen, die Französischübersetzung gemacht. Damit ist das Kapitel »Hausaufgaben« aber noch nicht ganz abgeschlossen, denn in diesem Kapitel möchten wir Ihnen aufzeigen, wie Sie fertige (Haus-) Aufgaben betrachten und einschätzen können. Hierbei ist es hilfreich, wenn Sie gemeinsam mit Ihrem Kind die Leistung angemessen bewerten und die Fehler, die es eventuell gemacht hat, analysieren. Damit Ihr Kind weiterhin gute oder sogar bessere Leistungen erzielt, sollten Sie die Stärken Ihres Kindes gezielt betonen: Prima, von deinen Vokabeln hast du ja fast alle gewusst! Die Grammatikübung hast du sehr sorgfältig erledigt! Und auch der Abschnitt aus dem Geschichtsbuch, den du gelernt hast, sitzt richtig gut!

Wenn es mal nicht so klappt –
der richtige Umgang mit Fehlern

Fehler analysieren

Gut erledigte Aufgaben geben Ihnen und Ihrem Kind einen Hinweis darauf, was Ihr Kind schon gut kann. Diese Dinge brauchen Sie im Moment nur wenig zu üben. Um die Leistung Ihres Kindes gezielt verbessern zu können, ist es aber auch hilfreich, wenn Sie nach den Hausaufgaben oder einer Klassenarbeit die aufgetretenen Fehler genau anschauen, damit Sie ein Gespür dafür bekommen, wo die Schwächen Ihres Kindes liegen und in welchen Gebieten es sich noch mehr anstrengen sollte. Am besten nehmen Sie diese Analyse nach jeder Schularbeit und für jedes Fach getrennt vor. Das klingt für den ersten Moment sehr aufwändig, spart aber auf längere Sicht Zeit, da Sie gezielt die schwierigen Punkte mit Ihrem Kind üben können.

Wie funktioniert eine Fehleranalyse?

Für die Fehleranalyse ist es hilfreich, sich aufzuschreiben, welche Arten von Fehler Ihr Kind häufiger macht. Sie können sich dazu für jedes Fach eine Liste in Tabellenform zusammenstellen. Mögliche Fehler im Fach Deutsch könnten z. B. sein: Kommasetzung, Rechtschreibung, Grammatikfehler, Verständnisschwierigkeiten, etc. In Mathematik können beispielsweise Fehler auftreten beim Addieren, Subtrahieren, Multiplizieren, Flüchtigkeitsfehler, im Verständnis von Textaufgaben usw.

Fehlerarten notieren

Wenn Sie Ihre Tabelle fertig haben, können Sie anfangen, nach jeder Schularbeit die gemachten Fehler für jedes Fach einzutragen. Mit Ihrem Kind können Sie dann vor allem die Punkte üben, bei denen es die meisten Fehler gemacht hat. Diese Form der Darstellung ist praktisch, um auch über längere Zeit die Entwicklung Ihres Kindes verfolgen zu können. Sie werden sehen, dass Ihr Kind neu motiviert sein wird, wenn es seine eigenen Fortschritte sieht.

Lernergebnisse: »Mit wem vergleiche ich mich?«

Sie haben eine Möglichkeit kennen gelernt, Fehler zu analysieren. Nun laden wir Sie ein zu überlegen, welche Möglichkeiten es gibt, die Leistung Ihres Kindes zu bewerten. Sie können mit einer Übung beginnen, der sogenannten »kleinen Beurteilungsaufgabe«.

Verschiedene Arten Leistung einzuschätzen

Übung: »Kleine Beurteilungsaufgabe«

Eine Schulklasse schreibt einmal pro Monat eine Mathearbeit. In dieser Arbeit wird jeweils der Unterrichtsstoff des letzten Monats abgefragt. In jedem Test können die Schüler max. 100 Punkte erreichen. Die Tests sind so aufgebaut, dass der Klassendurchschnitt bei 50 Punkten liegt. 9 Schüler aus dieser Klasse erreichten bei den letzten drei Tests die unten aufgeführten Punkte.

Schüler	Test 1	Test 2	Test 3	Bewertung
1	85	80	75	
2	75	75	75	
3	65	70	75	
4	60	55	50	
5	50	50	50	
6	40	45	50	
7	35	30	25	
8	25	25	25	
9	15	20	25	

Sie können bei jedem dieser neun Schüler das letzte Testergebnis beurteilen. Wenn Sie das Ergebnis eines Schülers für eine gute Leistung halten, so können Sie 1–5 Pluspunkte (++...) geben, halten Sie dieses Ergebnis für eine schlechte Leistung, so können Sie 1–5 Minuspunkte (– –...) geben. Bitte geben Sie pro Ergebnis nur Plus- oder Minuspunkte. Halten Sie das Ergebnis weder für eine gute noch für eine schlechte Leistung, können Sie diese Zeile freilassen (aus Rheinberg, 1980).

Wie Sie in der Aufgabe gesehen haben, gibt es unterschiedliche Möglichkeiten, Leistungen von Schülern zu beurteilen: Entweder wird als Anhaltspunkt für den Vergleich eine Gruppe (z. B. Schulklasse) verwendet; oder Sie ziehen die vorherige Leistung des gleichen Schülers heran. Den Vergleich mit anderen bezeichnet man als »soziale Bezugsnorm«, den Vergleich mit der eigenen Person als »individuelle Bezugsnorm«.

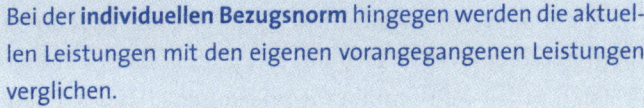

Was sind soziale und individuelle Bezugsnormen?
Bei der **sozialen Bezugsnorm** wird die Leistung eines Kindes mit der Leistung seiner Schulkameraden verglichen. Seine Leistung wird also in Bezug zu anderen gesetzt.
Bei der **individuellen Bezugsnorm** hingegen werden die aktuellen Leistungen mit den eigenen vorangegangenen Leistungen verglichen.

Wenn die Schulleistung von Kindern bewertet wird, spielen auch unterschiedliche Ziele und Erwartungen der Schule und der Eltern eine Rolle. Diese wollen wir uns etwas genauer anschauen, um zu verstehen, welche möglichen Sichtweisen es gibt und welche dieser Sichtweisen Ihre Kinder positiv beeinflussen können.

Beurteilung durch die Schule

Die Schule hat in unserer Gesellschaft die Aufgabe, Kindern Wissen zu vermitteln. Sie soll leistungsstarke Kinder fördern und schwächere Kinder unterstützen. Problematisch hierbei ist, dass eine individuelle Förderung einzelner Schüler nicht immer möglich ist. Wenn Lehrer nach einzelnen Schülern gefragt werden, können sie oftmals nur eine allgemeine Beurteilung abgeben. Für sie ist ein bestimmter Schüler entweder »gut«, »mittelmäßig« oder »schlecht«. Gemäß dieser Einschätzung haben Lehrer auch bestimmte Erwartungen an die Leistung des entsprechenden Schülers. Oftmals tragen sie diese Erwartungshaltung durch eine ent-

Leistungs-beurteilung durch die Schule

sprechende Bemerkung zu der erbrachten Leistung nach Außen. »Ah Olli, so gut wie immer!« oder »Na ja Tina, wir wissen ja alle, dass du in Mathe einfach nicht begabt bist«, sind Beispiele für diese Erwartungshaltungen.

Einfluss von Erwartungs-haltungen
Diese Erwartungshaltungen auf Seiten der Lehrer können die Motivation der Schüler beeinflussen: Für die Kinder heißt diese Einteilung nämlich: Ich »bin« ein schlechter/mittelmäßiger/guter Schüler. Das klingt wie eine Eigenschaft, die man nicht verändern kann. Wie aus psychologischen Untersuchungen bekannt ist, gibt es das Phänomen der »sich selbst erfüllenden Prophezeiung«. Dieses Phänomen besagt, dass sich Menschen so verhalten, wie andere es von ihnen erwarten. Sagt also ein Lehrer über ein Kind, es sei ein guter Schüler, so ist es auch motiviert, weiterhin gute Leistungen zu zeigen. Sagt der Lehrer aber das Gegenteil und glaubt ihm das Kind, so ist es möglich, dass es in Zukunft tatsächlich schlechtere Leistungen zeigt oder sich zumindest nur wenig Mühe gibt, seine Leistungen zu verbessern.

Noten werden in der Schule oftmals nicht nach der individuellen Leistung (individuelle Vergleichsnorm) vergeben. Sie werden herangezogen, um die Position eines Schülers innerhalb der Klasse anzugeben (soziale Vergleichsnorm). Ein Schüler, der die Note 1 bekommt, ist demgemäß nicht der Schüler, der in einer Klassenarbeit keine Fehler macht, sondern derjenige, der innerhalb der Klasse am wenigsten Fehler macht. Diese Art Noten zu vergeben ist objektiv richtig. Sie ist jedoch weniger hilfreich, wenn es darum geht, einzelne Schüler in ihrer Entwicklung zu unterstützen. Dafür ist es viel hilfreicher, wenn der Schüler im Hinblick auf seine eigene individuelle Situation beurteilt wird; nur so kann er verstehen, was es noch konkret zu verbessern gibt.

Wenn Sie als Eltern Ihrem Kind eine solche individuelle Rückmeldung geben, dann können Sie ihm besser helfen, als wenn Sie es ständig nur mit seinen anderen Klassenkameraden vergleichen.

Beurteilung durch die Eltern

Natürlich stimmen Ihre Ziele weitgehend mit den Zielen der Schule überein – auch Sie erwarten eine wachsende Qualifizierung Ihrer Kinder. Sie als Eltern haben aber die Möglichhkeit, wesentlich spezifischer und individueller auf die Bedürfnisse und Besonderheiten Ihres Kindes eingehen; schließlich sind Sie in einem ganz anderen Ausmaß, als es ein Lehrer je sein könnte, »Experten« für Ihre Kinder. Sie haben ihre gesamte Entwicklung in Ihrem Gedächtnis und können sie als Grundlage für die Beurteilung nutzen.

Leistungsbeurteilung durch die Eltern

Eltern betrachten meist nicht alle Leistungen Ihres Kindes zusammen, sondern einzeln im Vergleich. Als Beispiel können Sie sagen, wenn Ihr Kind gelernt hat und trotzdem mit einer Fünf nach Hause kommt: »Jetzt bist du sicherlich traurig! Aber schau, das letzte Mal war deine Note besser. Wenn du jetzt einfach weiter lernst und dich von deiner Note nicht runterziehen lässt, dann wird die Note das nächste Mal auch bestimmt wieder besser.« Diese Zuversicht und Ihr Vertrauen in Ihr Kind können sich positiv auf die Motivation Ihres Kindes auswirken.

Bei älteren Kindern mag es in einer solchen Situation auch angebracht sein, dass Sie Ihre Enttäuschung zum Ausdruck bringen, damit Ihr Kind erfährt, dass eigentlich eine bessere Leistung von ihm erwartet werden kann. Dann ist Ihr Kind zunächst wahrscheinlich traurig über die vertane Chance, aber es wird ihm dadurch klargemacht, dass ihm von Anderen bessere Leistungen zugetraut werden und dass es dieses Zutrauen durchaus auch selbst haben darf und sollte. Dann kann Ihr Sohn oder Ihre Tochter die Sache selbst in die Hand nehmen, was ihm / ihr ein Gefühl von Selbstständigkeit gibt und möglicherweise in höherem Ausmaß zu motivieren vermag, als wenn die Eltern nur trösten. Die Gefahr, dass Schülerinnen und Schüler nicht mehr motiviert sind, ihre Aufgaben zu verbessern und eigene Fehler zu verstehen, ist natürlich kleiner, wenn Eltern gemeinsam mit ihren Kindern die Aufgaben durchgehen.

Für die Nachbereitung einer »verhauenen« Klassenarbeit empfiehlt es sich, die korrigierte Arbeit zu kopieren. Bitten Sie Ihr Kind, sich die Arbeit noch einmal durchzuschauen und bei den einzelnen Fehlern darüber nachzudenken, was es falsch gemacht hat und wie die richtige Antwort lauten sollte; und verschaffen auch Sie selbst sich einen Überblick über die Art der Fehler. Anschließend setzen Sie sich zusammen und gehen die Aufgaben gemeinsam durch, um gemeinsam entscheiden zu können, was Ihr Kind verbessern und wo genau es nacharbeiten muss, aber auch, welche Dinge ihm gut gelungen sind. Sie als Eltern bekommen so einen Eindruck davon. ob Ihr Kind verstanden hat, wo seine Fehler liegen, und es wird so auch eher ausgeschlossen, dass Ihr Kind sich nach einer Arbeit »hängen lässt«. Falls Sie als Eltern sich in dem fraglichen Fach nicht so gut auskennen, dann schlagen Sie Ihrem Kind doch vor, sich mit einem Schulfreund, der in der Arbeit besser abgeschnitten hat, zu verabreden und sich gegenseitig auszutauschen.

Eltern, die sich an der individuellen Bezugsnorm orientieren, also die Leistungen ihres Kindes nicht primär im Vergleich mit den Leistungen anderer Schüler beurteilen, sondern eher die vorausgegangenen eigenen Leistungen des

Kindes als Bezugsrahmen nehmen, werden dann nicht unbedingt die fünfte »Zwei« ihres Sohnes belohnen, sondern eher eine kontinuierliche Verbesserung aus einer prekären Notensituation. Schließlich ist eine »Zwei« keine besondere Leistung, wenn ihr nach sechs Wochen Schule schon vier andere »Zweier« vorausgegangen sind; viel größere Anerkennung verdient unser Kind, wenn es sich aus dem Tränental des Fünferschnitts Schrittchen für Schrittchen, Halbnote für Halbnote, in Richtung einer »gesunden Drei« heraufgearbeitet hat.

> **Wichtig ist:**
> Die individuelle Bezugsnorm kann mehr Informationen über die spezifischen Leistungen eines Schülers liefern.

Obwohl es andere Kinder gibt, die in bestimmten Bereichen besser sind als Ihr Kind, ist die Zufriedenheit mit den eigenen Leistungen am allerwichtigsten. Wenn wir mit unserem Kind zusammen konsequent die in diesem Buch vorgeschlagenen Strategien anwenden, dann werden sich diese eigenen Leistungen auch mit Sicherheit verbessern. Ihr Kind kann dann seine eigenen Fortschritte präziser verfolgen und es bekommt ein Gespür dafür, dass es dazu in der Lage ist, etwas zu verändern. Dann kann es mit mehr Schwung und Zuversicht an die Arbeit gehen, und das Lernen macht ihm mehr Spaß.

Wichtig ist Zufriedenheit mit der eigenen Leistung

> **Information: Was können Eltern tun?**
> Es hilft Ihrem Kind, wenn Sie Ihre Leistungsrückmeldung an den vorangegangenen Leistungen Ihres Kindes ausrichten und nicht an den Leistungen anderer Schüler.

Mögliche Reaktion bei Erfolg:

Loben Sie Ihr Kind, wenn es sich sehr angestrengt und seine Leistung verbessert hat.

Beispiel: »Prima, du hast dich aber wirklich angestrengt.«

Mögliche Reaktion bei Misserfolg:

Geben Sie Ihrem Kind eine neutrale Rückmeldung, wenn es eine Arbeit »in den Sand gesetzt« hat.

Beispiel: »Na, das war ja nicht so ganz das, was wir erwartet haben! Lass uns doch zusammen anschauen, was du besser machen kannst.«

Kinder machen Fehler ...

Fallbeispiel

Niklas kommt missmutig aus der Schule nach Hause. »Schon wieder eine Vier!«, denkt er. »Und das, obwohl ich so für die Deutscharbeit geübt habe.« In der Küche trifft er seine Mutter. Die hatte mal wieder einen sehr anstrengenden Tag im Büro und ist fix und fertig. »Mama, du musst da was unterschreiben ...«, sagt Niklas. »Was denn?«, fragt die Mutter. Als sie die Arbeit und die Note sieht, platzt ihr der Kragen. »Du könntest dir wirklich mehr Mühe geben! Immer dasselbe mit dir!« Niklas kämpft mit den Tränen. Bevor seine Mutter noch etwas sagen kann, rennt Niklas in sein Zimmer und schließt sich ein.

Fragen:

Was fällt Ihnen an diesem Beispiel auf?

Wie könnte Christine das nächste Mal reagieren?

Wenn Sie möchten, können Sie sich ein paar Notizen machen.

Kinder bewerten anders ...

Kinder bewerten oftmals anders als Erwachsene. Sie sehen die Leistung aus ihrer eigenen Sicht, sie setzen sie in einen Bezug dazu, wie sehr sie sich angestrengt oder auch nicht angestrengt haben. Sie wissen ja genau, ob und wie sehr sie sich Mühe gegeben haben. Wenn sich Ihr Kind bei der Vorbereitung auf eine Klassenarbeit große Mühe gegeben hat, das Ergebnis aber weit hinter den Erwartungen zurückgeblieben ist, dann ist es durchaus möglich, dass Ihr Kind an seinen Fähigkeiten zu zweifeln beginnt. Wenn Sie als Mutter oder Vater dann nur mit einem oberflächlichen: »Macht nichts, beim nächsten Mal wird es besser!« reagieren, ist Ihrem Kind damit kaum geholfen.

Selbstzweifel können entstehen

In solchen Momenten denken Kinder schnell: »Wenn ich es nicht schaffe, trotz all meinen Anstrengungen eine einigermaßen gute Note zu schreiben, dann bin ich eben dumm.« Wenn Sie spüren, dass Ihr Kind sich solche Gedanken macht, dann ist es wichtig, dass Ihr Kind lernt, zwischen Sache und Person zu unterscheiden. »Sache« bedeutet hier die Leistung und auf welchem Wege sie zustande gekommen ist (z.B. Wie habe ich gelernt?). »Person« meint Ihr Kind selbst mit seinen Fähigkeiten. Wenn Kinder diesen Unterschied begreifen, lässt sich verhindern, dass sie Selbstzweifel und Ängste entwickeln.

Trennen von Sache und Person

Wie am Anfang dieses Kapitels beschrieben, gelingt dies besonders gut mit einer Fehleranalyse. Sie hilft uns, zu erkennen, was hinter den Fehlern steckt. Unter Umständen kann es sinnvoll sein, eine solche Fehleranalyse nicht nur anhand von Klassenarbeiten, sondern auch für die Hausaufgaben oder Schulaufgaben durchzuführen. Je mehr Sie über die Fehler Ihres Kindes wissen, desto besser können Sie mit Ihrem Kind üben. Wenn Sie die Fehler, die Ihrem Kind häufiger unterlaufen, mit ihm genau betrachten, können Sie sich auch gezielt auf kommende Klassenarbeiten vorbereiten und vermeiden, dass Ihr Kind durch immer die gleichen Fehler frustriert wird. Eine systematische Betrachtung erlauben sogenannte Fehlerprotokolle, auf die wir in Kapitel 7 (S. 161 ff.) genauer eingehen. Natürlich ist es an dieser Stelle auch wichtig, nicht nur die Fehler Ihres Kindes zu betrachten. Sie können das Selbstvertrauen Ihres Kindes stärken, wenn Sie auch die richtig gelösten Aufgaben besonders hervorheben.

> **Tipp:**
> Um eine Klassenarbeit gezielt vorbereiten zu können, empfiehlt es sich, im Vorfeld zu analysieren, welches die Fehler sind, die bei Ihrem Kind häufiger vorkommen.

Fallbeispiele zu Bezugsnormen

Im folgenden Abschnitt finden Sie noch einige Fallbeispiele zu den Bezugsnormen. Sie können sich diese Geschichten zusammen mit Ihrem Kind durchlesen. Sprechen Sie anschließend darüber und fragen Sie Ihr Kind, in welchem Verhalten es sich selbst am ehesten wieder erkennt.

> **Fallbeispiel 1:**
> Annika hat heute eine Klassenarbeit zurückbekommen. Toll, sie hat eine richtig gute Note! Auch Sabine neben ihr, die normalerweise überhaupt nicht gut ist in Mathe – meistens liegt sie zwei bis drei Noten unter Annika – freut sich: Auch sie hat eine Zwei, wie Annika. Auf dem Heimweg denkt Annika über die Klassenarbeit nach. Irgendwie kann sie sich über ihre gute Note nicht so richtig freuen. Wenn sogar Sabine eine Zwei schreibt, dann müssen die Aufgaben ja wahrscheinlich kinderleicht gewesen sein – und dann ist es doch überhaupt nichts Besonderes

mehr, eine gute Note zu bekommen. Normal wäre doch, dass sie eine viel bessere Note kriegt als Sabine, schließlich ist sie doch viel begabter als ihre Tischnachbarin! Tja, Pech gehabt ...

Als Sabine ihre Note sieht, freut sie sich riesig: Endlich mal eine Zwei und nicht ewig diese Dreier und Vierer! Sie war schon ganz deprimiert gewesen, dass sie immer schlechter als ihre Freundin Annika abschnitt, die fast immer gute Noten hatte. Na ja, es haben ihr auch immer alle gesagt: »Mensch Sabine, du bist halt nicht begabt in Mathe! Mach dir nichts draus ... dafür bist du ja eine Spitzensportlerin.« Das hatte sie ab und zu zwar getröstet, aber nicht, wenn sie sah, dass ihre Freundin in jeder Arbeit besser war als sie. Eine Zeit lang hatte sich Sabine immer wieder hingesetzt, gelernt und gelernt, am liebsten den ganzen Tag. Trotzdem hatte sie am nächsten Tag immer das Gefühl, dass die ganze Lernerei sie kein Stück weitergebracht hat.

In letzter Zeit hatte ihr dann der Freund ihrer großen Schwester manchmal geholfen. Wobei der eigentlich gar nicht so viel gemacht hat. Er hatte sich nur zu ihr gesetzt und mit ihr zusammen überlegt, warum sie bei bestimmten Aufgaben immer dieselben Fehler macht. Wenn sie dann eine Weile gesessen hatten und Sabine die Aufgaben immer schwerer fielen, haben die beiden einfach ein wenig Basketball gespielt, und danach ging's dann auch besser mit der Arbeit weiter.

Und jetzt hat sie endlich erreicht, was sie wollte! Endlich hat sie sich verbessert. Das hatte sie sich doch immer gewünscht. Aber plötzlich sieht Sabine, dass Annika sich überhaupt nicht freut. In der Pause lässt Annika Sabine sogar stehen und spielt mit Stefanie, obwohl sie die eigentlich gar nicht so gerne mag. Als Sabine den beiden Mädchen näher kommt, hört sie Annika laut rufen: »... und die Aufgaben waren sowieso Pipifax!!!« Sabine fühlt sich sehr niedergeschlagen. Jetzt ist sie ganz verunsichert. Waren die Aufgaben wirklich zu leicht? Hat sie also einfach nur Glück gehabt? Bedrückt geht sie davon und denkt: Naja, dann kann ich das mit dem Lernen ja auch wieder lassen, es bringt doch eigentlich eh nichts ...

Fallbeispiel 2:

Thorsten, Oliver und Niklas sind die besten Freunde und wollen in der Schule auch immer gleich gut sein. Sie sind fast in jedem Fach Spitze. Niklas ist allerdings in Deutsch schwächer als Thorsten und Oliver. Eine Zeit lang hat ihn das einfach nur geärgert; mittlerweile fühlt er sich richtig unter Druck. Thorsten und Oliver sitzen oft beieinander und lachen, und dann fühlt sich Niklas wie das fünfte Rad am Wagen und hat das Gefühl, dass die beiden ihn auslachen, weil er in Deutsch nicht so gut ist wie sie. Er will aber doch auch dazugehören!

Niklas ist also in letzter Zeit ziemlich bedrückt und will eigentlich gar nicht mehr aus dem Haus gehen und sich mit seinen Freunden treffen. Seine Mama hat das natürlich gemerkt und versucht, ihn auf alle möglichen Weisen zu ermuntern. Als Niklas ihr die Deutscharbeit, die sie heute zurückbekommen haben, zu Hause zeigt, bricht er in Tränen aus. Er schluchzt so sehr, dass er gar nicht erzählen kann, warum er sich so unglücklich fühlt. Christine nimmt ihren Sohn in den Arm und wartet, bis er sich so weit beruhigt hat, dass er anfangen kann zu erzählen.

Die Mama schaut sich gewissenhaft Aufgabe für Aufgabe an und schließlich die Note. Sie lächelt und fragt gar nicht lange nach, warum er weinen musste. »Mensch, Niklas, schau mal, du hast eine Drei, das ist doch super! Ich hab mir die Aufgaben ganz genau angesehen, und weißt du was? Die Aufgaben, die wir zuhause geübt haben, hast du fast alle gekonnt! In der letzten Arbeit hast du eine 4+ gehabt. Hör mal, das ist ja fast eine ganze Note besser als beim letzten Mal. Du hast nicht alle Aufgaben geschafft. Also brauchst du vielleicht noch mehr Zeit, um zu überlegen. Aber das können wir üben. Weißt du noch beim Diktat, da haben wir ja auch trainiert und das hat geholfen.

Schau mal, die Aufgabe, die du hier gelöst hast, die haben wir auch geübt, weißt du noch? Das hat ja richtig was gebracht!!! Freust du dich darüber?«

Niklas richtet sich auf und schaut sich seine Arbeit zum ersten Mal genauer an. Er liest die Aufgabe, und tatsächlich, Mensch, da waren so viele Sätze zu schreiben, und die hat er alle hinbekommen! »Und jetzt schau dir mal noch diese Aufgabe an«, meint die Mama. »Das ist die schwerste. Beim letzten Mal ist dir überhaupt nichts eingefallen, und dieses Mal hast du dir alles Wichtige unterstrichen und ein paar Stichpunkte aufgeschrieben und dafür auch einen Punkt bekommen. Also, ich finde, das Üben hat viel gebracht, du hast super Fortschritte gemacht ...«

Niklas wischt sich die Tränen weg und weiß eigentlich gar nicht mehr so recht, warum er sich so aufgeregt hat. Er schaut sich die Aufgaben jetzt zum ersten Mal richtig an und ist stolz darüber, so viele Dinge geschafft zu haben, die er beim letzten Mal nicht konnte.

Übung 1:
Überlegen Sie, wie die Kinder in den Beispielen herauszufinden versuchen, ob ihre Leistungen gut oder schlecht sind.
Worin unterscheiden sich Niklas und seine Mutter in ihrer Bewertung der Schulleistung?

Übung 2:
Worin sehen Annika, Sabine und Niklas die Ursache für ihre Leistungen?
Welche Erklärungen für gute oder schlechte Leistungen gibt es?
Welche dieser Erklärungen eröffnen einem Kind den größten Handlungsspielraum?

Übung 3:

Als Niklas am nächsten Tag in die Schule kommt, spielt er in der Pause gutgelaunt mit seinen Freunden, da sieht er Sabine traurig in der Ecke sitzen und geht zu ihr. Sabine erzählt ihm, warum es ihr so schlecht geht. Nach dem Gespräch mit Niklas fühlt sie sich wieder richtig glücklich.

Stellen Sie sich vor, Sie sind Sabine. Wie geht es Ihnen vor dem Gespräch mit Niklas?

Welche Worte von Niklas würden Sie selbst trösten, wenn Sie in Sabines Haut stecken würden?

Suche nach Ursachen

Suche nach Ursachen

Die Beispiele, die wir bis jetzt gesehen haben zeigen, dass Bewertungen nicht nur von Lehrern und Eltern ausgehen, auch Kinder bewerten ihre eigenen Leistungen – sie suchen nach einer Erklärung für Erfolge und auch für Misserfolge. Diesen Vorgang nennt man »Ursachenzuschreibung«.

Die Erklärung, die Ihr Kind für einen Erfolg oder Misserfolg findet, bestimmt, für wie wahrscheinlich Ihr Kind einen Erfolg oder Misserfolg in einer vergleichbaren Situation in der Zukunft hält. Welche Erklärung führt zu optimistischen Gedanken? In der folgenden Tabelle sind sämtliche Erklärungsmöglichkeiten dargestellt. Sie alle haben Einfluss auf zukünftiges Verhalten. Denn die Motivation, etwas zu leisten, hängt zu einem guten Teil davon ab, für wie wahrscheinlich Ihr Kind die Möglichkeit des Gelingens hält. Je größer die Aussicht auf Erfolg ist, desto stärker wird Ihr Kind motiviert sein. Diese Wirkung zeigt sich jedoch nur dann, wenn der Erfolg Ihrem Kind wichtig ist. Wenn ihm der Erfolg (etwa eine bestimmte Note in Mathematik) egal ist, fördern Erfolge seine Leistung nicht.

Die folgende Tabelle wurde bereits in Kapitel 1 kurz dargestellt. Mit dieser Tabelle können Sie herausfinden, auf welche Ursachen Ihr Kind seinen Erfolg oder Misserfolg zurückführen kann.

Einstellungen	Es liegt an mir	Es liegt an etwas anderem
Ich schreibe *immer* eine gute/ schlechte Note (kann nicht verändert werden)	*Misserfolg:* Ich habe zu wenig Talent. Ich konnte das noch nie. Ich habe keine Begabung für das Fach. *Erfolg:* Ich bin begabt. Ich bin intelligent. Ich bin schlau.	*Misserfolg:* Die Aufgaben waren zu schwer. Der Lehrer hat es nicht richtig erklärt. Die anderen stören mich immer. *Erfolg:* Der Lehrer hat es gut erklärt. Die Aufgaben sind sehr leicht.
Ich habe dieses *Mal* die Note bekommen, denn ... (veränderbar)	*Misserfolg:* Ich habe mich nicht genug angestrengt. Ich war zu unkonzentriert. Ich habe die falschen Strategien verwendet. *Erfolg:* Ich habe richtig und genug gelernt. Ich habe die richtigen Strategien verwendet. Ich habe mich besonders angestrengt.	*Misserfolg:* Ich hatte Pech. Es war nur Zufall. Die Klasse war zu unruhig. Die erste Aufgabe war gleich zu schwierig, da bin ich nicht reingekommen. *Erfolg:* Ich hatte einfach nur Glück. Es war Zufall, dass es so gut geklappt hat. Die Aufgaben waren dieses Mal sehr einfach.

Mögliche Erklärungen für Erfolg/ Misserfolg

Ursachenzuschreibung nach Erfolg und Misserfolg, nach Forsterling, 1985

Welche Auswirkungen können unterschiedliche Ursachenzu-schreibungen und unterschiedliche Erfolgserwartungen auf Ihr Kind haben?

Beispiel 1
Niklas führt seine Leistungen auf seine Anstrengung und die eingesetzten Strategien zurück (»Ich habe richtig geübt, mich gut vorbereitet ...«).
Bei Erfolg: Er wird sehr zufrieden sein. Seine Anstrengung hat sich gelohnt. Er wird sich vermutlich das nächste Mal wieder so anstrengen und die gleichen Strategien verwenden.
Bei Misserfolg: Er wird das nächste Mal mehr lernen oder andere Strategien anwenden.

Beispiel 2
Annika führt ihre Leistungen auf die eigenen Fähigkeiten (Talent/Begabung) zurück.
Bei Erfolg: Sie ist mit ihrer Leistung zufrieden. Sie hofft, später genauso gut abzuschneiden.
Bei Misserfolg: Sie denkt sich möglicherweise: »Ich bin zu dumm!« und sieht keine Chance auf Verbesserung.

Information: Was können Eltern tun, um ihr Kind zu ermutigen?
Es kann Ihrem Kind helfen, wenn Sie sein Vertrauen in seine eigenen Fähigkeiten stärken. Es folgen einige Anregungen, wie Sie bei Erfolgen/Misserfolgen Ihres Kindes reagieren können.

Mögliche Reaktion bei Erfolg:

Reaktionen bei Erfolg

Sie können Ihr Kind unterstützen, indem Sie es loben. Wenn Ihr Kind eine Leistung erbracht hat, ist es wichtig, beispielsweise zu hören: »Ich bin ja so stolz auf dich!« oder »Ich freue mich für dich!«. Dabei ist es nicht so wichtig, ob

Ihr Kind eine Eins nach Hause bringt, oder ob es durch langes Lernen und Üben die Mathenote von Vier auf Drei verbessern konnte.

Wenn Sie das Verhalten Ihres Kindes verstärken möchten, dann empfiehlt es sich, das gute Ergebnis auf seine Tüchtigkeit, seine Anstrengungen und sein Interesse zurückzuführen. (Etwa: »Du hast super aufgepasst«, »Da hast du aber gut nachgedacht«, »Ich finde, du hast sehr gut mitgearbeitet«.).

Mögliche Reaktion bei Misserfolg:

Bei einem Misserfolg ist es für Ihre Kinder wichtig, dass Sie zuerst einmal Trost spenden. Wenn sich Ihr Kind beruhigt hat, können Sie sich gemeinsam mit ihm auf Ursachensuche begeben. Dabei ist es hilfreich, wenn Sie das Ergebnis auf falsche Strategien oder eventuell auch (falls Sie davon ausgehen, dass Ihr Kind zu wenig geübt hat) auf zu geringen Einsatz zurückführen.

Reaktionen bei Misserfolg

Wenn Ihr Kind merkt, dass es aktiv etwas tun kann um besser zu werden, wird es beim nächsten Mal eher eine neue Strategie ausprobieren. Sie können ihm helfen, indem Sie betonen, dass es beispielsweise noch gründlicher/länger nachdenken muss, aufmerksamer sein kann usw.

Selbstreflexion: »Nach dem Lernen«
Sie können für sich selbst überlegen, wie wichtig es Ihnen ist, dass Ihr Kind besser abschneidet als der Durchschnitt.
Fragen Sie Ihr Kind häufig, welche Noten die anderen Kinder hatten?
Welche Vergleichsnorm möchten Sie in Zukunft verwenden?

Wenn Sie möchten, können Sie auch für sich selbst überlegen, in welchen Erfolgs- oder Misserfolgssituationen Sie
welche Ursache vermuten. Beispiele können sein: wenn Sie
zu spät zu einem Termin kommen, wenn Sie Ihren Schlüs-
sel nicht finden können usw.

Die eigenen Stärken stärken

Fallbeispiel: Die Deutscharbeit

> Sebastian ist wahnsinnig enttäuscht über seine Fünf. Er hat so
> viel gelernt und sich wirklich angestrengt. Auf dem Weg nach
> Hause denkt er die ganze Zeit darüber nach, wie er seinen
> Eltern die Note erklären soll. Als er daheim ankommt, trifft er
> als erstes auf seine Mutter Christine. »Und, habt ihr die Arbeit
> schon wieder zurück?« Sebastian ist sauer auf sich selbst. Er
> hält seiner Mutter einfach nur das Heft hin, ohne etwas zu sa-
> gen. Christine schlägt das Heft auf und sucht nach der Note.
> »Eine Fünf? Schon wieder eine Fünf? Ach Sebastian ...« Chris-
> tine schüttelt nur den Kopf, legt das Heft beiseite und geht.

Stärken
betonen

Obwohl es sinnvoll ist, sich mit den Fehlern, die Kinder
häufig machen, zu beschäftigen, ist es zusätzlich wichtig,
die positiven Seiten und die Stärken Ihres Kindes zu betonen. Eine Vier in einer Arbeit ist vielleicht keine gute Note,
aber Sie können sich trotzdem die Frage stellen, was Ihr
Kind gemacht hat, dass es eine Vier und keine Fünf oder sogar Sechs hatte. An diesem einfachen Beispiel können Sie
erkennen, dass auch bei einer nicht so guten Leistung immer etwas Positives mit dabei ist. Versetzen Sie sich ruhig
einmal in die Lage Ihres Kindes und fragen Sie sich: Wie
würde ich mich fühlen, wenn vor allem auf die Fehler ge-
achtet wird?

Übung
Überlegen Sie sich zehn Eigenschaften Ihres Kindes, die Sie besonders toll finden, und schreiben Sie sie auf. Machen Sie diese Übung, damit es Ihnen leichter fällt, auf die positiven Seiten Ihres Kindes zu achten.

Generell fällt uns das Lernen leichter, wenn wir in einer positiven Stimmung sind. Es ist darum besser, einen guten Anfang zu machen. Dafür kann es hilfreich sein, wenn Sie zuerst das ansprechen, was Ihr Kind besonders gut kann. Loben Sie es als erstes für etwas, was es gut gemacht hat (natürlich müssen Sie Ihr Lob wirklich ernst meinen), und unterstützen Sie seine Interessen. Malt Ihr Kind z.B. gerne, dann können Sie es in einem Malkurs anmelden oder ihm schöne Malutensilien schenken. Indem Sie die Stärken Ihres Kindes stärken, machen Sie ihm Mut. Dieser Mut und die Zuversicht, die Sie Ihrem Kind vermitteln, können ihm helfen, auch schwierigere Probleme in ganz anderen Bereichen optimistischer anzugehen.

Positive Stimmung macht Arbeiten leichter

Wenn Sie die positiven Seiten zusammen mit Ihrem Kind durchgegangen sind, können Sie gemeinsam auf die Dinge eingehen, die Ihr Kind noch nicht so gut beherrscht. Achten Sie jetzt besonders auf mögliche Lösungen. Ist beispielsweise offensichtlich, dass Ihr Kind eine falsche Lernstrategie anwendet, dann können Sie den Ursachen auf den Grund gehen, an ihnen arbeiten und Ihrem Kind dabei helfen, eine neue Strategie einzuüben.

Beherrscht Ihr Kind beispielsweise das Bruchrechnen noch nicht so gut, können Sie nicht nur die Schulaufgaben wiederholen und üben, sondern die Aufgaben mit Hilfe der Lernkarten in diesem Kapitel bearbeiten. Ebenso können

Lernen in den Alltag integrieren

Sie das Thema »Mengen, Teilen, Verhältnisse« in Ihren Alltag einbauen. Wennn Sie beispielsweise einen Kuchen backen, können Sie Ihr Kind die Zutaten abwiegen und später
die Stücke schneiden und aufteilen lassen. Vielen Kindern
hilft es, mit Materialien zu arbeiten, die sie auch anfassen
können. Dadurch können Sie dazu beitragen, dass Ihrem
Kind das Lernen mehr Freude macht.

Lernkarten zum Thema »Nach dem Lernen«

Lernkarte:
Bin ich
zufrieden?

Lernkarte:
Nach dem Lernen:
Bin ich zufrieden?

Bin ich zufrieden?

1. Habe ich meine Leistung
   mit vorangegangenen
   Leistungen verglichen?
2. Habe ich alles beachtet, was
   mir wichtig war?
3. Ich habe meine Leistung
   verbessert: Ich bin stolz auf
   mich. Gut gemacht!
4. Meine Leistung ist gleich
   geblieben oder schlechter
   geworden: Was kann ich
   das nächste Mal besser
   machen?

Resümee für das Thema »Nach dem Lernen«

Hilfreich für erfolgreiches Lernen ist, ...

... auch mal Fehler machen zu dürfen,

... sich Fehler nicht zu sehr zu Herzen zu nehmen,

... sachlich und individuell zu bewerten,

... Schwächen zu analysieren und an ihnen zu arbeiten,

... sich auf seine Stärken zu konzentrieren,

... am Lernen Spaß zu haben.

Eltern-Kind-Aufgaben: Motivation und mit Misserfolg umgehen

Vorschlag 1: Motivation und unterschiedliche Anleitung
Sie können einmal ganz bewusst darauf achten, wie Sie Ihr Kind motivieren, an eine Aufgabe heranzugehen. Es ist Ziel der Übung, ein Gespür dafür zu bekommen, wie sich das unter Umständen auf Ihr Kind auswirkt.
Nehmen Sie sich gemeinsam eine schwierige Matheaufgabe vor und erzählen Sie Ihrem Kind folgende Geschichten:

Beispiel 1
Niklas muss eine schwierige Matheaufgabe rechnen, und seine Mama sagt zu ihm: »Schau mal, die Aufgabe ist ganz leicht, die schafft ja jeder! Dann kannst du das doch sicher auch!«
Wie fühlt sich Niklas dabei?

Info für die Eltern:

Hier wird die Aufgabenschwierigkeit beschrieben unter Berücksichtigung der sozialen Bezugsnorm (»andere schaffen das auch ...«). Die Aufgabe wird als leicht eingeordnet, und es wird mit der sozialen Bezugsnorm (anderen Kindern) verglichen. Hier gerät ein Kind leicht unter Druck: »Wenn ich die Aufgabe nicht schaffe, bin ich schlechter als die anderen.«

Beispiel 2:

Annika muss eine ähnliche Aufgabe rechnen wie Niklas. Zu ihr sagt die Mutter: »Schau mal, hier ist eine Aufgabe, die ist schon schwieriger als die letzte. Ich bin gespannt, ob du die auch noch schaffst!«

Wie fühlt sich Annika?

Info für die Eltern:

Hier wird die Aufgabenschwierigkeit unter Berücksichtigung der individuellen Bezugsnorm (»schwieriger als die letzte«) beschrieben. Es wird dem Kind vermittelt: »Du hast die letzte geschafft, ich bin überzeugt, du kannst diese auch schaffen!« Durch dieses Vorgehen werden die eigenen Fortschritte messbarer und greifbarer.

Vorschlag 2: Ursachenzuschreibung

Sprechen Sie mit Ihrem Kind über beide Geschichten.

Was würde Ihr Kind den Kindern in den Geschichten raten, wenn es die Mutter / der Vater wäre?

Versuchen Sie auch herauszufinden, wie sich Ihr Kind seine eigenen Erfolge oder Misserfolge erklärt.

Kapitel 5 Bilanz ziehen – Die Analyse folgt

In diesem Kapitel möchten wir genauer betrachten, wie Kinder lernen und welche Lernstrategien sie (erfolgreich) anwenden. Wir weisen auf mögliche Auswirkungen von Lob und Strafe hin. Zusätzlich zeigen wir, wie Sie Ich-Botschaften einsetzen können, wenn Sie Ihrem Kind Anerkennung geben möchten.

Wie kann ich mein Lernen analysieren?

Eltern und Bewertungen

Es ist für erfolgreiches Lernen hilfreich, sich an bestimmten kritischen Punkten (z.B. nach einer »missglückten« Klassenarbeit) selbst zu hinterfragen. Wir überlegen, ob unser Verhalten und Denken uns dem Ziel, das wir uns vorgenommen haben, näher bringt oder nicht. Dieses Nachdenken über sich selbst, die Einschätzung der eigenen Einstellungen bezeichnen wir als Selbstreflexion. Wir haben auch in diesem Buch immer wieder Übungen zur Selbstreflexion eingebaut. Selbstreflexion ist ein wesentliches Element auf dem Weg, das Lernen zu lernen, und sie spielt auch eine große Rolle bei der Veränderung des Lernverhaltens Ihres

Leistungen reflektieren

Kindes. Auch wenn Sie (vielleicht gemeinsam mit Ihrem Kind) über die Lernschritte Ihres Kindes nachdenken, können Sie den Lernprozess, wie wir es in den vorherigen Kapiteln getan haben, in die drei Abschnitte »Vor dem Lernen«, »Während des Lernens« und »Nach dem Lernen« aufteilen und überlegen, ob Ihr Kind die passenden Strategien auswählt.

Welche Strategien funktionieren und welche nicht?

Wie hat Ihr Kind die Lern-Zeit erlebt?

Das Lernen analysieren

Ebenso hilfreich wie das Wissen um die drei Abschnitte des Lernens und die dazugehörigen Strategien ist die Fähigkeit, das eigene Lernen oder Lernverhalten mit kritischen Augen zu betrachten. Sie können z.B. Ihr Kind fragen: »Ist auch alles so gelungen, wie du dir das vorgestellt hast? Hast du mit Hilfe der Strategien das Ziel erreicht?« Diese Bewertung ist wichtig, weil so das zukünftige Lernen aufgrund der gemachten Erfahrungen beeinflusst werden kann. Wenn Ihr Kind beispielsweise merkt, dass eine Strategie erfolgreich war, wird es sie auch in Zukunft eher wieder benutzen. Hat das Lernen jedoch nicht so funktioniert wie gewünscht, dann können wir aufgrund einer Bewertung der Strategien Fehler erkennen, Änderungen vornehmen und neue Lernwege einschlagen. Ihr Kind lernt erst nach und nach, solche Bewertungen vorzunehmen. Zunächst ist die Unterteilung in verschiedene Lernstrategien hilfreich.

Welche Strategien verwende ich?

Bevor Ihr Kind seine eigenen Lernstrategien bewerten kann, ist es wichtig zu wissen, welche Arten von Strategien es gibt. Allgemein können drei verschiedene Strategiearten unterschieden werden, auf die wir im Folgenden eingehen: kognitive, metakognitive und ressourcenorientierte Lernstrategien.

Kognitive Strategien

Was sind kognitive Strategien?
Der Begriff »kognitiv« stammt aus der Psychologie und bezeichnet die Funktionen des Menschen, die mit Lernen, Erinnern und Denken zu tun haben.
Kognitive Strategien werden verwendet, wenn Informationen gelernt und behalten werden sollen. Dabei kann es sich beispielsweise um Informationen aus einem Text handeln, die sich Ihr Kind merken soll.

Mit kognitiven Strategien sind also solche Strategien gemeint, die dem Schüler dabei helfen, sich den Lernstoff zu merken, wie beispielsweise Lernen mit Karteikarten, Lernen mit allen Sinnen, mit unterschiedlichen Materialien und so weiter. Auch Strategien, die Ihrem Kind helfen, etwas besser zu verstehen, gehören zu den kognitiven Strategien. Dazu zählt zum Beispiel die Fähigkeit, einen Text zu gliedern oder zusammenzufassen.

Kognitive Strategien

Der Schwerpunkt in diesem Buch liegt jedoch nicht auf den kognitiven, sondern vielmehr auf den »metakognitiven Strategien«.

Metakognitive Strategien

Metakognitive Strategien

Was sind metakognitive Strategien?
Der Begriff »metakognitiv« bezieht sich auf die Auseinander-
setzung mit den Techniken und Strategien, die man anwendet.
Metakognitive Strategien sind also Vorgehensweisen, die Ihrem Kind helfen, beim Lernen die richtigen Strategien einzusetzen. Mit ihnen können Sie gemeinsam mit Ihrem Kind kontrollieren, ob sich der gewünschte Erfolg einstellt. So können Sie
und Ihr Kind die eigenen Lernfortschritte überwachen.

Wenn Ihr Kind metakognitive Lernstrategien einsetzt, übernimmt es also die Aufgabe eines »Kontrolleurs«, der immer
wieder überprüft, ob er durch das eigene Vorgehen seinem
Ziel näher kommt. Diese Aufgabe übernehmen bei jünge-
ren Kindern zunächst häufig die Lehrer oder Eltern. Doch
natürlich kann ein Klassenlehrer das nicht für sämtliche
Schüler seiner Klasse leisten. Daher ist es hilfreich, wenn
Ihr Kind schon recht bald diese Fähigkeit selbst entwickelt.
Das hat auch den Vorteil, dass es später, wenn die schu-
lischen Anforderungen komplexer werden, diese Strategien
ganz selbstverständlich anwenden kann.

Metakognitive Strategien können bei vielen Dingen eine
Hilfe sein: zum Beispiel, wenn sich Ihr Kind Ziele setzt oder
überprüft, ob es beim Lernen schon Fortschritte gemacht
hat. Der wichtigste Faktor bei den metakognitiven Strategien ist die Selbstbeobachtung. Wenn Ihr Kind Selbstbeobachtung praktiziert, dann ist es beispielsweise allein dazu
in der Lage festzustellen, dass es mit seinen Hausaufgaben
nur langsam vorwärts kommt, wenn ständig das Telefon
oder sein Handy klingelt.

Wenn sich Ihr Kind beim Lernen selbst beobachtet, kann ihm klarer werden, wie es lernt. Um eine solche Beobachtung zu erleichtern, können Sie Ihrem Kind auch das Lerntagebuch geben, das wir in Kapitel 1 vorgestellt haben. Damit kann Ihr Kind nach der Erledigung seiner Aufgaben bewerten, welche Strategien es erfolgreich einsetzen konnte.

Wozu meta-kognitive Strategien?

Ressourcenorientierte Lernstrategien

Was sind ressourcenorientierte Lernstrategien?
Bei den Ressourcen geht es um Hilfen, die Ihr Kind für das Lernen verwenden kann. Allgemein werden innere und äußere Hilfen unterschieden.

Das »eigentliche« Lernen kann dann optimal stattfinden, wenn Ihr Kind alle Hilfen zur Verfügung hat, die fürs Lernen notwendig sind, und wenn es auch auf sie zugreifen kann. Zu den inneren Ressourcen werden etwa eine positive Einstellung gezählt, die Bereitschaft, sich anzustrengen, Aufmerksamkeit und Konzentration. Zu den äußeren Ressourcen gehören die Gestaltung des Arbeitsplatzes, die Zusammenarbeit mit Klassenkameraden und das Nutzen von Informationsmaterialien.

Ressourcen-orientierte Lernstrategien

Lob: »Das hast du gut gemacht!«

Erfolgserlebnisse helfen Ihrem Kind, eine positive Einstellung zu Hausaufgaben und zum Lernen zu bekommen. Je mehr Erfolgserlebnisse es hat, desto lieber wird es lernen und Hausaufgaben machen. Ein ganz wichtiges Erfolgserlebnis besteht darin, dass Sie Ihr Kind loben, wenn Sie se-

Lob erzeugt Erfolgs-erlebnisse

hen, dass es sich anstrengt und sich darum bemüht, seine Hausaufgaben so gut wie möglich zu erledigen.

Das können Sie beachten, wenn Sie Ihr Kind loben möchten:
Loben Sie Ihr Kind, so oft es geht, wenn es etwas gut gemacht hat, und sagen Sie Ihrem Kind genau, was es gut gemacht hat, z. B.: »Du hast dir heute die Zeit genommen, noch einmal in einem anderen Mathebuch nachzuschauen, um die Aufgabe lösen zu können. Das finde ich prima!« Dabei sollte Ihr Lob glaubwürdig und spontan sein.
Loben Sie, dass Ihr Kind sich angestrengt hat, um diese Leistung zu erbringen. Als Grundlage für Ihr Lob sollte immer eine Leistung Ihres Kindes dienen, nicht die Leistung anderer (siehe auch individuelle Bezugsnorm, Kapitel 4).
Wenn Sie einen Fehler finden oder Ihr Kind kritisieren müssen, dann ist es hilfreich, wenn Sie vor der Kritik erst auf das zu sprechen kommen, was es gut gemacht hat.

Lob wirkt jedoch nicht immer und in allen Fällen positiv. Deshalb zeigen wir im Folgenden mögliche Schwierigkeiten mit Lob auf.

Mögliche Schwierigkeiten mit Lob:
Ihr Lob sollte nicht übertrieben sein. Loben Sie nicht Dinge, die sich für Ihr Kind von selbst verstehen sollten. Sonst verliert Ihr Lob sein Gewicht.
Denken Sie auch daran, dass zu viel Lob lähmen kann. Wenn Kinder von der Anerkennung Erwachsener zu abhängig werden, kann dies dazu führen, dass das Kind später kaum mehr die eigenen Bedürfnisse beachtet, sondern nur noch darauf schaut, was den Erwachsenen gefällt.

Es ist auch gar nicht immer notwendig, Kinder zu loben.
Dies wird aus folgendem Beispiel deutlich:

> **Fallbeispiel:**
> Annika wird von ihren Eltern nicht sehr häufig gelobt. Das fehlt
> ihr auch gar nicht sonderlich, denn sie hat das Gefühl, dass
> sich die Eltern für ihre Probleme wirklich interessieren und sie
> auch selbst Lösungen finden lassen. Es macht ihr natürlich viel
> Freude, wenn sie ihre eigenen Ideen umsetzen kann. Stolz
> zeigt sie ihren Eltern dann auch immer das Ergebnis ihrer
> Arbeiten.

Annika ist von sich heraus motiviert, also aus eigenem An-
trieb heraus an vielen Dingen interessiert. Sie weiß auch,
dass sie bei ihren Eltern Hilfe bekommt, wenn sie mit einem
Problem mal nicht allein zurecht kommt. Wir müssen also
nicht in jeder Situation mit Lob arbeiten; solange Ihr Kind
an einer Tätigkeit Freude hat, braucht es dafür nicht gelobt
zu werden. In solchen Fällen besteht die Gefahr, dass ein
Lob die Motivation eher mindert.

> **Fallbeispiel:**
> Auf den ersten Blick erkennen Sebastians Eltern in den Leistun-
> gen, die er in der Schule so bringt, nicht gerade viel Lobenswer-
> tes. Da sie aber wissen, dass für ihn Ermunterungen sehr wich-
> tig sind, setzen sie sich immer mal wieder zusammen und
> überlegen gemeinsam, was ihnen an Sebastians Schulleistun-
> gen gefällt.

Gerade wenn Kinder Schwierigkeiten in der Schule haben,
neigen Eltern dazu, sich vor allem auf das zu konzentrieren,
was ihr Kind verbessern soll. Dadurch übersehen sie aber
leicht, dass es immer auch positive Punkte gibt. Gerade für

Kinder in einer kritischen Schulsituation ist es wichtig, dass ihre Anstrengungen gewürdigt und sie in ihren Bemühungen bestärkt werden.

Anmerkungen zum Thema »Belohnung«

Belohnung als Motivationshilfe

Es gibt aber auch Situationen, in denen Lob vielleicht nicht ausreicht, um Ihr Kind zu motivieren. In diesem Fall ist es angebracht, die Leistung Ihres Kindes zusätzlich zu belohnen.

Selbstreflexion:
Überlegen Sie sich, wie es Ihnen geht, wenn Sie sich besonders viel Mühe geben (sei es im Beruf oder im Haushalt), und niemand würdigt Ihre Anstrengungen.

Bei Ihren Überlegungen sind Sie möglicherweise zu dem Ergebnis gekommen, dass eine Aufgabe, die Ihnen vielleicht sogar ursprünglich Spaß gemacht hat, mit der Zeit zu einer unangenehmen Pflicht geworden ist. Genau so geht es Ihrem Kind mit seinen Hausaufgaben. In diesem Fall kann es hilfreich sein, eine Leistung, für die Sie oder Ihr Kind sich außergewöhnlich angestrengt hat, zu belohnen.

Wir werden uns in den folgenden Abschnitten mit den Fragen beschäftigen, welche Arten von Belohnung es gibt, wie und wann man sie einsetzen sollte, und wann Belohnungen eher ein Hindernis darstellen.

Tätigkeit als Belohnung

Wir machen Ihnen im Folgenden Vorschläge, wie Sie Belohnungen bewusst einsetzen können. Natürlich können Sie sich für Ihr Kind noch weitere Möglichkeiten überlegen, die Ihnen für seine Situation angemessen erscheinen.

1. Eltern können als Belohnung eine Beschäftigung einsetzen, die ihrem Kind besonders viel Freude macht.
Eine Möglichkeit zu belohnen ist es, von zwei Aktivitäten, die unterschiedlich attraktiv sind, die attraktivere als Belohnung für die weniger beliebte einzusetzen. Wenn Sie beispielsweise sagen: »Mach deine Hausaufgaben, danach schauen wir uns zusammen einen Film an!«, nutzen Sie dieses Prinzip.

Belohnung durch beliebte Beschäftigungen

> Niklas hat sich hingesetzt und einen Aufsatz angefangen. Ihm fällt das Schreiben sehr schwer, und er braucht jedes Mal sehr lange, bis er alle Worte zu Papier bringt. Nach der Hälfte wird er ungeduldig, jammert und will nicht mehr weitermachen. Der Vater ist gerade nach Hause gekommen und meint: »Mach deine Hausaufgaben, dann spiele ich mit dir Fußball.« Niklas überlegt kurz, setzt sich dann wieder an seinen Aufsatz und bringt ihn auch tatsächlich zu Ende.

Die Belohnung besteht in diesem Beispiel darin, dass Niklas für eine weniger geschätzte Beschäftigung – die Hausaufgaben – mit einer für ihn attraktiven Tätigkeit (Fußballspielen mit dem Vater) belohnt wird. Allgemein kann jede Tätigkeit, die Ihr Kind gerne macht, als Belohnung eingesetzt werden. Die Aussicht auf das Fußballspielen oder auf einen gemeinsamen Kinobesuch erleichtert die Erledigung der weniger geliebten Aufgaben.

Annika ist eine begeisterte Leserin. Sie nutzt jede Gelegenheit, um ein neues Buch zu verschlingen. Am liebsten würde sie sich sofort nach der Schule mit einem Buch auf das Sofa kuscheln und in ihre Phantasiewelt eintauchen. Sie weiß allerdings: Bevor die Hausaufgaben nicht ordentlich erledigt sind, bleiben die Bücher im Regal stehen. Danach hat sie Zeit, ihrer Lieblingsbeschäftigung nachzugehen.

Die Eltern von Annika wissen, wenn Annika nach der Schule zwischen Mathehausaufgaben und Lesen wählen könnte, dann würde sie sich bestimmt für ein spannendes Buch entscheiden. Sie nutzen die attraktivere Sache (Lesen) als Belohnung für die weniger attraktive (Mathehausaufgaben). Annika hat so die Möglichkeit zu lernen, dass sie sich selbst belohnen kann, wenn sie sich anstrengt und sich gründlich mit ihren Hausaufgaben auseinandersetzt.

Wichtig ist jedoch, dass das Prinzip umgekehrt nicht funktioniert. Wenn Annika nach der Schule erst in einem spannenden Buch lesen darf und diese Aktivität dann unterbrechen soll, um ihre Hausaufgaben zu erledigen, wird sie dies nur sehr ungern tun. Es bedeutet für Annika dann Verzicht, und die Mathehausaufgaben wirken wie eine Strafe. Die Mathehausaufgaben können in diesem Fall nicht als Belohnung für vorheriges Lesen eingesetzt werden. Dies geht auch aus folgendem Beispiel hervor:

Niklas bittet und bettelt, dass er am Computer spielen darf. Der Vater macht ihm einen Vorschlag: »Na gut, wenn du die Hausaufgaben erledigt hast, dann kannst du das machen.« Aber Niklas hat überhaupt keine Lust Hausaufgaben zu machen, bettelt und bettelt weiter: »Mensch, nur fünf Minuten.« Noch bleibt der Papa stark, langsam nervt ihn sein Sohn aber.

Schließlich regt sich Niklas furchtbar auf: »So ein Mist, fünf Minuten sind doch echt nicht lang!« Der Papa hält schließlich das Jammern nicht mehr aus und meint: »Na gut, aber wirklich nur fünf Minuten!« Dann verschwindet Niklas für die nächste Stunde im Arbeitszimmer des Vaters, während der Vater es sich vor dem Fernseher gemütlich macht.

Hier wird deutlich, dass es wichtig ist, auch bei Belohnungen konsequent zu sein. Setzen Sie Belohnungen deshalb nur so ein, wie es zuvor vereinbart wurde. Außerdem wirken Belohnungen nur dann, wenn sie nach den Aufgaben eingesetzt werden, die erledigt werden müssen. Belohnungen vor der Erledigung einer Aufgabe sind in den allermeisten Fällen kontraproduktiv.

Größere Belohnungen einteilen

2. Belohnung mit Punkten

Sie können mit Ihrem Kind vereinbaren, dass es für bestimmte Leistungen Punkte (Aufkleber, Spielmarken, lachende Gesichter usw.) bekommt. Wenn Ihr Kind eine bestimmte Punktzahl erreicht hat, dann kann es diese Punkte für eine Belohnung eintauschen. Sie können gemeinsam mit Ihrem Kind entscheiden, wie viele Punkte es für welche Belohnung braucht. Sie sind Experte für Ihr Kind und wissen, was sich am besten als Anreiz eignet. Das kann ein gemeinsamer Kinobesuch sein, ein Päckchen Sammelbilder, ein Eis essen, alles was eben speziell Ihrem Kind Freude macht.

Belohnung durch Punkte

Niklas wünscht sich nichts sehnlicher als ein neues Fahrrad. Seine Eltern haben ihm versprochen, dass er das Fahrrad bekommt, wenn er in drei Fächern im Zeugnis mit einer besseren Note abschließt. Doch irgendwie klappt es mit den Noten in diesem Schuljahr nicht so richtig.

Wenn Belohnungen versprochen werden, sollten diese nicht zu weit in der Zukunft liegen. Wird für eine größere Belohnung »gespart« so kann diese in kleinere Teile zerlegt werden. Sie können Ihrem Kind beispielsweise Punkte für einzelne Noten geben und bei einer bestimmten Anzahl an Punkten können diese gegen einen Gutschein eingelöst werden. Zusätzlich kann dies dazu beitragen, dass ihr Kind freiwillig lernt, weil es ihm Freude bereitet. Dies kann geschehen, wenn z.B. der Schulstoff auf spielerische Art und Weise vermittelt wird.

Tipp: Bei der Vergabe von Belohnungspunkten kann Ihnen Folgendes helfen:
Die Grundlage für die Vergabe von Punkten sind klare Vereinbarungen und Regeln zwischen Ihnen und Ihrem Kind. Das Punkte-System ist dann besonders wirksam, wenn sie unmittelbar nach den Hausaufgaben oder dem Lernen (zeitnahe Belohnung) gegeben werden. Sie können mit Ihrem Kind gemeinsam eine Liste mit kleineren und größeren Belohnungen zusammen stellen und gemeinsam überlegen, wie viele Punkte Ihr Kind für welche Aufgabe bekommt. Hierfür sind auch die Lernverträge, die wir in diesem Buch vorgestellt haben, sehr hilfreich.

Übung:
Im anschließenden Text geht es um die folgende Frage:
Welche Schwierigkeiten können mit Belohnungen zusammenhängen?

Sie können zunächst selbst überlegen, welche Schwierig-keiten beschrieben wurden. Unsere Lösungsvorschläge finden Sie unter den jeweiligen Beispielen.

> Annika übt Geige und eben hat ihre Mutter sie wieder ausgiebig für ihr ausgezeichnetes Musizieren gelobt. Gerade hat sie eine Stunde geübt, das macht sie jeden Tag. Jetzt würde sie gern ein wenig lesen. Oder sollte sie doch gleich Hausaufgaben machen? Sie ist sich unsicher: Soll sie erst die Mutter fragen? Sie schaut in die Küche und versucht zu erkennen, was für ein Gesicht die Mutter macht. Aber die arbeitet in der Küche. Unentschlossen bleibt sie auf ihrem Hocker sitzen.

Sie können anhand dieses Beispiels selbst herausfinden, welche Nachteile es haben kann, wenn Eltern ihre Kinder zu häufig loben:

Zu häufiges Loben hat dazu geführt, dass Annika ihr Verhalten am Lob der Mutter ausrichtet. Sie achtet also nicht mehr darauf, was ihr Spaß machen würde, sondern überlegt vor allem, für welche Tätigkeit sie möglicherweise ein Lob erhalten könnte.

> Die Oma freut sich, dass ihr Enkel Niklas eine Eins in der letzten Mathearbeit geschrieben hat. Zur Belohnung schenkt sie ihm eine Tafel Schokolade. Niklas bedankt sich höflich und legt sie später zu den anderen Süßigkeiten. Er wartet schon sehnlich darauf, dass sein Vater zurückkommt. Der hatte sich so über die gute Note gefreut, dass er vorhin am Telefon versprach, sich gleich nach der Arbeit mit ihm hinzusetzen und ihm beim Modellfliegerbauen zu helfen.

In diesem Fall ruft die Belohnung von Niklas' Großmutter wenig Begeisterung hervor, da es sich um ein Geschenk handelt, das Niklas nicht viel bedeutet. Wenn Sie Ihr Kind belohnen wollen, dann überlegen Sie sich, worüber es sich wirklich freuen könnte.

> Annika hat ihr Zimmer sehr ordentlich aufgeräumt, sie hat sogar das Bücherregal abgestaubt und den Schreibtisch frei geräumt. Ihre Mutter fand, dass das mal wieder »dran« war, und hat ihr am Mittagstisch vorgeschlagen, zusammen Inlineskates zu fahren, wenn sie fertig aufgeräumt hat. Voller Erwartung zeigt sie ihrer Mutter das Zimmer. Die Mutter erinnert sich an ihr Versprechen, und sie ist ein wenig zerknirscht. »Du, Annika, vorhin hat unser Versicherungsmann angerufen, der wollte einen Termin, und ich hab ihn für nachher einbestellt. Tut mir leid, das hab ich echt vergessen ...«. Annika kann ihre Enttäuschung nur mühsam verbergen.

Aus diesem Beispiel wird deutlich, dass es wichtig ist, versprochene Belohnung auch einzuhalten. Wenn das nicht geschieht, haben Belohnungen eine negative Wirkung.

Im Allgemeinen können Schwierigkeiten mit Belohnungen dann auftreten, wenn

- die Belohnung zu weit in der Zukunft liegt. Insbesondere jüngere Kinder können noch nicht lange auf Belohnungen warten.
- Sie Ihr Kind nur für außergewöhnliche Leistungen loben, die sehr schwer oder kaum erreichbar sind. Dies ist beispielsweise der Fall, wenn Eltern ihrem Kind eine Belohung für eine Eins in einem Fach versprechen, in dem es bisher immer eine Vier geschrieben hat.
- Ihr Kind die versprochenen Belohnungen nicht bekommt. Das Ausbleiben von Belohnung kann wie eine Strafe wirken.

■ Kinder nur wegen der Belohnung arbeiten. Begleitend zur Belohnung sollten wir immer daran arbeiten, die Eigen-Motivation unseres Kindes zu stärken.

Wenn Sie sich entscheiden, Ihr Kind mit Belohnungen zu motivieren, dann ist es wichtig darauf zu achten, dass Sie es nicht für Tätigkeiten belohnen, die es ohnehin schon freiwillig ausführt. Sonst könnte die Motivation Ihres Kindes gemindert werden. Es möchte möglicherweise dann nach und nach für alles, was mit Lernen und Hausaufgaben zusammenhängt, belohnt werden. Wenn Sie eine gewisse Zeit erfolgreich mit dem Belohnungssystem gearbeitet haben, können Sie versuchen, es allmählich auslaufen zu lassen. Ihr Kind wird durch Erfolgserlebnisse, die es in der Zwischenzeit durch sein »Dranbleiben« erreicht hat, motiviert werden.

Ende der Belohnung

Was ist zum Thema »Strafen« wichtig?

Sicherlich kennen Sie als Eltern bereits viele der beschriebenen Motivationstechniken und Belohnungsstrategien und wenden sie an. Dennoch gibt es vermutlich immer wieder Situationen, in denen sich Ihr Kind gegen jegliche Überzeugungsversuche sträubt: Situationen, in denen es lieber erst gelesen, gespielt, gemalt, etc. hat, bevor es seine Schulaufgaben erledigt. Manchmal scheint der einzige Ausweg aus verfahrenen Situationen die Bestrafung zu sein. Im folgenden Abschnitt werden wir deshalb auf dieses Thema näher eingehen.

Strafen als Alternative?

Wenn Eltern ihre Kinder bestrafen, werden diese in der Regel negative Gefühle gegenüber ihren Eltern entwickeln. Diese negativen Gefühle können sich auch auf die Ursache

Was passiert bei Strafen?

für die Bestrafung ausdehnen. Wenn Kinder z.B. für eine schlechte Note im Fach Mathematik bestraft werden, kann es dazu führen, dass Mathematik zu einem ungeliebten, vielleicht sogar verhassten Fach wird. Kinder sehen also den Grund für die Bestrafung in dem Schulfach und nicht in ihrer Leistung.

Fallbeispiel

Annika kommt in letzter Zeit mit den Hausaufgaben und dem Lernen ganz gut zurecht. Nur Mathematik bereitet ihr ab und zu Schwierigkeiten, besonders wenn es um Textaufgaben geht. Heute hat sie sich über eine halbe Stunde mit so einer blöden Aufgabe herumgeärgert und dann beschlossen, sie einfach nicht zu machen. Abends, als ihre Mutter anhand des Hausaufgabenheftes noch einmal alles mit ihr durchgeht, bemerkt sie natürlich, dass die Aufgabe fehlt. Sie ist stinksauer und verbietet Annika, am nächsten Tag mit ihrer Freundin ins Kino zu gehen. Annika ist ungeheuer wütend und enttäuscht: »Dieses doofe Mathe, das blödeste Fach der Welt! Ich kapier das sowieso nie im Leben!«

Annikas Mutter hat durch ihre Bestrafung die negative Einstellung ihrer Tochter zur Mathematik noch verstärkt, denn Annika ist überzeugt, dass sie wegen des Faches Mathematik am nächsten Tag nicht mit ihrer Freundin ins Kino gehen darf.

Frage:
Haben Sie Ideen, wie Annikas Mutter noch reagieren könnte?

Eine Möglichkeit besteht darin, Annika zu ermuntern, sich die Aufgabe gemeinsam mit ihr noch einmal anzuschauen, sie beispielsweise zu fragen:

- Was ist das Ziel der Aufgabe?
- Was ist gesucht?
- Welche Strategie kannst du anwenden?
- Welche Informationen benötigst du zur Lösung?

> **Fallbeispiel: Strafen**
>
> »Ich hab wirklich gelernt!«, ruft Sebastian seiner Mutter hinter her. Christina platzt langsam der Kragen, immer kommt Sebastian heim, ist schlecht gelaunt, muffelig und bringt nur schlechte Noten mit. »Mir reicht's langsam mit dir. Du bleibst heute den ganzen Tag daheim und korrigierst deine Arbeit. Ich will dich frühestens zum Abendessen wieder sehen!« Sebastian rennt in sein Zimmer, er ist richtig wütend und denkt an das Treffen mit seinen Freunden heute Mittag. Chris, sein bester Freund, hatte gesagt, dass Mareike auch da sein würde. Sebastian setzt sich erst hin und versucht wirklich die Aufgaben zu korrigieren, aber er ist so wütend und fühlt sich so ungerecht behandelt, dass er sich nicht konzentrieren kann. Als er hört, wie seine Mutter ins Auto steigt und wegfährt, zieht sich Sebastian seine Jacke an und geht. Er weiß, dass das Ärger geben wird, aber das ist ihm jetzt egal. Seine Eltern verstehen ihn ja eh nicht.

Bestrafungen können einige Probleme mit sich bringen. Ein Problem ist etwa, dass eine Strafe nur so lange wirkt, wie die strafende Person anwesend ist. Auch hat sich in Untersuchungen gezeigt, dass sich das Verhalten von Kindern auf längere Sicht nicht ändert. Zusätzlich besteht die Gefahr, dass Strafen Aggression und Gewalt erzeugen. Strafen können zu Frustration der Kinder führen, und Frustration kann Aggressionen erzeugen. Strafen können also die Beziehungen zwischen Eltern und Kindern nachhaltig beeinträchtigen.

Probleme mit Strafen

Grenzen sind
wichtig

Wenn Sie Ihr Kind belohnen oder bestrafen, üben Sie immer auch Kontrolle über Ihr Kind aus. Aus unserer Sicht sollte es jedoch Ihr Ziel sein, dass Ihre Kinder lernen, selbstständig zu lernen. Deshalb ist es ratsam, nicht so sehr kontrollierende Maßnahmen wie Belohnungen und Bestrafungen zu ergreifen, sondern vielmehr Strategien anzuwenden, die das selbstständige, selbstregulierte Lernen Ihres Kindes fördern.

Damit dies möglich ist, ist es jedoch auch wichtig, dass Sie Ihrem Kind Grenzen setzen. Grenzen ermöglichen es Ihrem Kind, in einem geschützten Raum sich selbst auszuprobieren. Wählen Sie bei den Grenzen, die Sie Ihrem Kind setzen, glaubhafte Grenzen bzw. Regeln. Stellen Sie nur solche Regeln auf, hinter deren Inhalt Sie selbst voll stehen, und leben Sie den Inhalt der Regeln Ihrem Kind vor. Am besten, Sie legen die Regeln gemeinsam mit Ihrem Kind fest. Wenn Sie beispielsweise nicht möchten, dass Ihr Kind im Wohnzimmer vor dem Fernseher nascht, dann können Sie dies untermauern, wenn Sie auch selbst nicht im Wohnzimmer naschen. Es ist wichtig, dass Ihr Kind sieht, dass die Regeln von allen Familienmitgliedern akzeptiert werden.

Was steckt hinter »Ich-Botschaften«?

Alternativen
zu Lob und
Belohnung

Wenn Eltern Belohnung oder Bestrafung anwenden, versuchen sie das Verhalten ihres Kindes von außen zu steuern. Im Gegensatz dazu gibt es bestimmte Möglichkeiten, mit denen sie die Fähigkeit Ihres Kindes fördern können, angenehme Folgen seines Verhaltens selbst zu entdecken. Wir stellen im Folgenden eine Möglichkeit vor, wie Sie Ihrem Kind vermitteln können, was Sie sich von ihm wünschen.

Eine Alternative zum Lob stellen positive Ich-Botschaften dar.

> **Definition: Ich-Botschaften**
> Ich-Botschaften sind genaue, offene Botschaften, die mitteilen, was sich »in Ihnen« abspielt. So kann Ihr Gegenüber Aussagen besser einordnen, denn es wird klar gesagt: »Ich meine ...«, »ich fühle ...« usw.

> **Fallbeispiel**
> Nach seiner Geburtstagsparty räumt Sebastian alles auf. Seine Mutter Christine musste ihn weder dazu auffordern, noch hatten sie vor der Party über das Aufräumen gesprochen.

Es gibt verschiedene Möglichkeiten, auf diese Situation zu reagieren. Christine könnte Sebastian loben: »Das war aber toll von dir, nach der Party aufzuräumen.« Sie könnte ihn auch belohnen, z.B. mit einem Kinogutschein. Oder sie könnte eine positive Ich-Botschaft benutzen: »Ich war richtig erleichtert, als ich sah, dass du schon alles aufgeräumt hattest, weil ich nach der Party so müde war. Ich hatte überhaupt keine Lust aufzuräumen.«

Mögliche Anfänge solcher positiver Ich-Botschaften sind:
- Ich fühle mich gut, wenn ...
- Ich war angenehm überrascht, als ...
- Ich war erleichtert, als ...
- Ich habe mich so gefreut, als ...
- Ich war aufgeregt, als ...

Selbstreflexion

Welche Vorteile haben Ich-Botschaften aus Ihrer Sicht?

Halten Sie stichwortartig fest, was Ihnen dazu einfällt, und finden Sie Beispiele aus Ihrem Alltag.

Beschreiben Sie Situationen, in denen Sie Ihr Kind loben; und überlegen Sie, ob Sie stattdessen auch Ich-Botschaften verwenden könnten.

Überlegen Sie sich Formulierungen, die zu Ihnen und Ihrem Kind passen.

Resümee zum Thema »Bilanz ziehen«

Hilfreich für erfolgreiches Lernen ist …

… über sich selbst nachdenken zu können;

… sein Vorgehen zu prüfen;

… Fehler bezüglich des Einsatzes von Lernstrategien zu erkennen;

… sein Lernverhalten flexibel anzupassen;

… Lob gezielt einzusetzen;

… durch Ich-Botschaften die Selbstständigkeit von Kindern gezielt zu fördern.

Eltern-Kind-Aufgaben: Ich-Botschaften, Konsequenz, Belohnung und Bestrafung

Eltern-Kind: Ich-Botschaften, Konsequenz, Belohnung, Bestrafung

Vorschlag 1: Positive Ich-Botschaften

Sie können sich überlegen, wie Sie aus den folgenden Aussagen positive Ich-Botschaften formulieren können:

- Das war aber nett von dir, das Frühstücksgeschirr in die Spül-
  maschine zu stellen.
- Du wirst jetzt viel besser damit fertig, wenn du bei einem
  Spiel verlierst.
- Du bringst jetzt viel zuverlässiger den Müll raus.

Vorschlag 2: Belohnung, Bestrafung

Überlegen Sie sich, wie Sie bisher mit Lob und Strafe umgegangen sind.

War Ihr Vorgehen erfolgreich?

Wie waren die Reaktionen Ihres Kindes?

In welchen Situationen könnten Sie sich vorstellen, Ihr Verhalten zu verändern?

Sprechen Sie dann mit Ihrem Kind über die Fallbeispiele. Sie
können es beispielsweise fragen, wie es die Beispiele beurteilt,
wie es in dieser Situation als Elternteil handeln würde, und was
es sich für sich selbst wünscht.

Kapitel 6 Gefühle, Motivation und Lernen – Durch alle Höhen und Tiefen

In den vergangenen Kapiteln ging es um die verschiedenen Abschnitte des Lernens und darum, wie Sie gemeinsam mit Ihrem Kind nach dem Lernen eine Bilanz ziehen können. In diesem Kapitel beschäftigen wir uns vor allem mit den Themen »Gefühle« und »Motivation«. Dabei werden wir auch die Auswirkungen von Gefühlen auf das Lernen betrachten.

»Wer etwas schaffen will, muss fröhlich sein!«

Gute Stimmung erleichtert das Lernen

Sie haben vermutlich in Ihrem früheren Schul- oder jetzigen Berufsleben auch schon folgende Erfahrung gemacht: Wenn Sie in besonders guter Stimmung sind, können Sie relativ leicht lernen. Es gibt jedoch auch Tage, an denen es viel schwerer fällt. Vielleicht haben Sie sich vorher über irgendetwas geärgert, oder Sie sind gestresst. An diesen Tagen schaffen Sie es wahrscheinlich nicht so leicht, sich neue Dinge anzueignen. Die Aufmerksamkeit schweift ab, und Sie können sich nicht konzentrieren. Genau so kann es auch Ihrem Kind gehen. Wenn es nicht motiviert ist, wird ihm das Lernen nicht so leicht gelingen. Wir brauchen also eine »Lernmotivation«. Aber was genau ist das?

> **Definition**
> Lernmotivation setzt sich mit den Voraussetzungen für erfolg-
> reiches Lernen auseinander. Sie bestimmt, was gelernt wird
> (welche Inhalte) und wie tief diese verarbeitet werden (über-
> fliegt beispielsweise ein Schüler den Lernstoff nur, oder setzt er
> sich damit intensiv auseinander). Für gute Schulleistungen ist
> deshalb hohe Lernmotivation förderlich.

Der Begriff der »Lernmotivation« umfasst alles, was Ihrem
Kind hilft, sein Verhalten auf ein Lernziel hin auszurichten.
Dazu gehören unter anderem die Erwartungen: »Für wie
wahrscheinlich halte ich einen Erfolg oder Misserfolg?«,
oder die Gefühle, die das Lernen begleiten: »Lernen macht
mir Spaß …«.

Wie »lernmotiviert« Ihr Kind ist, hängt von der Veranla-
gung Ihres Kindes und von der Situation ab. Die Vorlieben
und Fähigkeiten Ihres Kindes können Sie nicht ohne Weiteres beeinflussen. Einfacher ist es, die Lernsituation zu verändern. Wenn Sie für Ihr Kind die Situation positiv gestalten, wird das Lernen nach einer Weile Ihrem Kind vielleicht
von sich aus Spaß machen. Dies kann beispielsweise geschehen, indem Sie den Lernstoff in Rätsel verpacken.

Welche Motivationsarten gibt es?

Wir unterscheiden ganz allgemein Verhalten, das eher »von
innen heraus« (intrinsisch), und solches, das eher »von außen her« (extrinsisch) motiviert ist. Intrinsische Motivation
kann aus extrinsischer Motivation entstehen.

Was ist intrinsische Motivation?
Das Merkmal von intrinsischer Motivation ist, dass der Lernstoff als solcher den Lernenden Spaß macht. Kinder lernen dann aus Interesse und Freude und brauchen keine zusätzlichen Belohnungen. Wenn Ihr Kind noch zusätzliche Erfolgserlebnisse hat, weil es das, was es gelernt hat anwenden kann, wird es noch zusätzlich motiviert sein.

»Aufforderungscharakter« des Lernstoffs

Kinder sind intrinsisch motiviert, wenn sie sich mit einem Inhalt beschäftigen möchten, auch wenn sie selbst keinen Nutzen (z.B. eine Belohnung) davon haben. Wir sprechen vom »Aufforderungscharakter« einer Tätigkeit und meinen damit, dass die Tätigkeit selbst den Lernenden quasi »auffordert« getan zu werden. Ihr Kind ist dann von innen heraus motiviert, neugierig und voller Wissensdrang. Der Vorteil der intrinsischen Motivation besteht darin, dass Kinder auch lernen, wenn sie keine zusätzlichen Belohnungen bekommen.

Was ist extrinsische Motivation?
Extrinsische Motivation bedeutet, dass der Lernende von außen motiviert wird. Diese Anreize von außen oder von anderen (z.B. Belohnungen) sorgen dafür, dass der Lernende sich mit einem Thema auseinandersetzt.

Schüler, die extrinsisch motiviert sind, lernen, um Noten, Lob oder Anerkennung zu bekommen. Man kann die extrinsische Motivation noch in materielle und soziale Motivation aufteilen. Zu den materiellen Motiven zählen Belohnungen. Sie ergeben sich aber auch durch das Festlegen von Zielen, die den Fähigkeiten des Lernenden entsprechen. Jeder Lernerfolg ist eine Belohnung, die zum Weiterlernen motiviert. Wenn Motivation auch von anderen Personen ausgeht, spricht man von sozialer Motivation, wie sie beispielsweise bei Wettbewerben eine große Rolle spielt oder wenn eine Gruppe durch ein starkes Wir-Gefühl geprägt ist. In diesem Fall kann Motivation dadurch entstehen, dass Kinder Probleme gemeinsam mit anderen lösen.

Für den langfristigen Lernerfolg ist es von Vorteil, wenn Kinder intrinsisch lernmotiviert sind. Ihr Kind lernt dann um des Lernens willen, es lernt, weil ihm das Lernen einfach Spaß macht. Was Sie tun können, wenn Ihr Kind einmal keine Lust hat zu lernen, erfahren Sie im nächsten Abschnitt.

Gefühle und Lernen

Manchmal können die eigenen Gefühle (z. B. Angst) so stark sein, dass der Eindruck entsteht, eine Aufgabe könne aus eigener Kraft nicht gemeistert werden. Davon handeln die folgenden Beispiele.

Fallbeispiel 1:
Niklas findet das Fach Deutsch doof. Mindestens so doof wie Spinat. Eigentlich würde Niklas am liebsten nie in seinem Leben wieder einen Aufsatz schreiben müssen. Dummerweise hat Niklas allerdings fünf Stunden Deutsch pro Woche in der Schule.
Niklas konnte Deutsch noch nie leiden, und das wird sich auch ganz sicher nicht mehr ändern. Der Papa von Niklas mag Deutsch auch nicht besonders. »Für Sprachen muss man begabt sein, so was kann man nicht lernen. Das ist angeboren.« Die Familie väterlicherseits sei nicht begabt für Deutsch, sagt Niklas' Papa. Da kann man nix machen ...

Weil Niklas Deutsch nicht mag, kann er auch seine Deutschleh-rerin nicht leiden. Die hat nämlich behauptet, dass Niklas ler-nen könnte, gut zu schreiben, wenn er sich nur anstrengen und seine Hausaufgaben machen würde. So ein Quatsch! Niklas will keine Hausaufgaben in Deutsch machen, weil er überzeugt ist, dass sie viel zu schwer für ihn sind. Deshalb braucht er es erst gar nicht zu versuchen. Er fühlt sich furchtbar, wenn er an Deutsch denkt! Sein Freund Tobi will ihm manchmal die Haus-aufgaben erklären. Damit Niklas merkt, dass das gar nicht so schwer ist. Aber Niklas will von Deutsch nichts hören. Damit Tobi ihn mit Deutsch in Ruhe lässt, mag er sich auch nicht mehr mit ihm zum Spielen treffen ...

Fallbeispiel 2:
Annika sitzt in der Mathestunde und fühlt sich schon ziemlich schlecht. Heute bekommen sie die letzte Mathearbeit zurück. In der Arbeit davor hatte sie eine Vier, das war schon furchtbar. Solche Noten kannte sie von der Grundschule nicht, da waren es immer nur Einsen und Zweien. Mathe ist aber auch wirklich das schlimmste Fach auf dem Gymnasium, sicher ist sie einfach zu blöd dazu. Wenn sie bei den Hausaufgaben das Buch auf-schlägt, dann wird es ihr meistens schon ganz eng in der Brust, und sie hat das Gefühl, gar nicht richtig Luft zu bekommen. In ihrem Kopf gehen dann diese Gedanken los: »Ich weiß über-haupt nicht, was ich machen soll. Die Aufgabe ist so schwierig! Das schaffe ich nie!« In der Mathearbeit war das noch viel schlimmer, am liebsten hätte sie angefangen zu heulen.
Sie hat dann häufig eine Aufgabe angefangen, ist nicht weiter-gekommen und bekam richtig Panik. In so einer Situation ging ihr durch den Kopf: »Oh Gott, das kann ich nicht, und ich habe auch nicht mehr viel Zeit, bestimmt werde ich nicht fertig.« Wie gelähmt sitzt sie vor der Aufgabe. Die Lehrerin steht jetzt vor ihr und gibt ihr die Arbeit. »Ich hab's ja gewusst, schon wieder eine

Vier. Dabei habe ich doch in der Woche vor der Arbeit jeden Tag eine halbe Stunde geübt. Mama sagt immer, dass man alles lernen kann, aber die hat ja keine Ahnung, was das für ein Mist ist.«

Anhand der Beispiele wird deutlich, dass Niklas und Annika sich mit ihren »Problemfächern« schwer tun. In der folgenden Übung bitten wir Sie, über den Zusammenhang von Gefühlen und Motivation nachzudenken.

Selbstreflexion:
Was haben aus Ihrer Sicht Gefühle und Motivation miteinander zu tun?
Was meinen Sie, wann Kindern Lernen Spaß machen kann?
Haben Sie Ideen, was Kinder tun können, wenn negative Gedanken auftreten?

Nachdem Sie sich Gedanken darüber gemacht haben, wie mit negativen Gefühlen umgegangen werden kann, möchten wir Ihnen eine Möglichkeit vorstellen, mit solchen störenden Emotionen umzugehen. Für diese Übung benötigen Sie ein wenig Zeit und Ruhe. Manchmal klappt die Übung nicht beim ersten Mal. Dann kann es hilfreich sein, sie ein paar Mal zu wiederholen.

Übung:
Stellen Sie sich vor, Ihnen wächst gerade alles über den Kopf. Sie denken nur noch darüber nach, was Sie noch alles erledigen müssen, und kommen aus diesen quälenden Gedanken gar nicht mehr heraus. Um diesen Kreis zu durchbrechen, gibt es die folgende Möglichkeit: Konzentrieren Sie sich auf einen anderen Gegenstand.

Dieser »bestimmte andere Gegenstand« ist in unserer Übung ein Stoppschild (deshalb: Stoppschild-Übung). Sie können versuchen, störende Gedanken zu stoppen, indem Sie sich ein Stoppschild (oder einen anderen bekannten Gegenstand) ganz genau vorstellen. Eine andere Variante ist, sich in eine besonders entspannende Situation »hineinzufühlen« (z. B. ein gemütliches Vollbad).

Frage:
Wie wirkt die Stoppschild-Übung?

Durch die Konzentration auf die Details des Stopp-Schildes ist kein Platz für unangenehme Gedanken mehr. Dadurch können Sie oder Ihr Kind negative Gedanken leichter anhalten. Die Übung hat bereits funktioniert, wenn Sie die Gedanken auch nur ein paar Sekunden lang »vertreiben« konnten: Sie haben die Erfahrung gemacht, dass Sie aktiv Einfluss auf negative Emotionen nehmen können. Unten finden Sie die Anleitung für die Stoppschild-Übung, die Sie gerne mit Ihrem Kind ausprobieren können. Eine Kopiervorlage für das Stoppschild befindet sich auch im Anhang (S. 186).

Anleitung für die Stoppschild-Übung:
Wenn ich »JETZT!« sage, dann denk bitte daran, was du heute nicht erledigt hast, was daheim bei dir gerade schief laufen könnte, was morgen alles auf dich zukommt.
Wenn ich dann laut »STOPP!« sage, hörst du auf darüber nachzudenken und stellst dir stattdessen ein Stopp-Schild vor. In der nächsten Zeit denkst du nicht weiter nach, sondern konzentrierst dich nur auf das Stopp-Schild!
Wenn ich »WEITER!« sage, kannst du wieder denken, was du willst.

Wie hängen Motivation und Lernerfolg zusammen?

Es gibt eine enge Beziehung zwischen Motivation und Lernerfolg. Wenn Ihr Kind in der Schule einen Misserfolg erlebt, dann führt das möglicherweise dazu, dass es davon überzeugt ist, auch beim nächsten Mal wieder schlecht abzuschneiden. Falls es dann tatsächlich weitere Male nicht klappen will, ist die Wahrscheinlichkeit hoch, dass Ihr Kind immer weniger an sich glauben kann. Wenn es diesen Kreis einige Male durchlaufen hat, kann es eine regelrechte Misserfolgserwartung entwickeln. Ihr Kind ist dann unter Umständen überzeugt, dass es den Misserfolg geradezu »anzieht« und ihm nichts mehr gelingen wird. Es versteht sich von selbst, dass es dann wenig motiviert sein wird zu lernen. Aus Sicht des Kindes nützt es dann ja sowieso nichts.

Glaubt Ihr Kind dagegen an sich, weil es z.B. die nötigen Lernstrategien anwendet und Erfolge damit hat, dann strahlt es das auch aus (Erfolgsmotivation). Ein positives Lernergebnis verstärkt den Lernoptimismus und die Lernfreude, und durch weitere Erfolgserlebnisse wird auch die intrinsische Motivation erhöht, was zu weiteren Lernerfolgen verhilft. So kann die Erfolgsmotivation helfen, ein positives Lernergebnis zu erzielen.

Warum macht Kindern das Lernen in der Schule manchmal keinen Spaß? Es könnte neben dem oben beschriebenen Kreislauf auch daran liegen, dass der Unterricht den Bedürfnissen Ihres Kindes nicht immer entgegen kommt. Vielleicht ist er ihm zu langweilig, oder es bringt wenig Interesse für ein bestimmtes Fach mit. Sie können Ihr Kind unterstützen, wenn Sie mit ihm den Lernstoff auf verschiedene Arten üben. Wenn Kinder mit möglichst vielen Sinnen

Den Lernstoff erfahrbar machen

etwas erfahren, macht ihnen das Lernen meist mehr Spaß. Wenn beispielsweise im Physikunterricht die Hebelwirkung bearbeitet wird, können Sie mit Ihrem Kind zu Hause eine Waage oder einen Kran bauen oder auf andere Weise versuchen, das Schulwissen in den Alltag zu integrieren. Wenn Ihnen das auf spielerische Art und Weise gelingt, dann erfährt Ihr Kind, dass der Lernstoff, der in der Schule vermittelt wird, auch außerhalb der Schule »Sinn macht«.

Lernkarte zum Thema »Stoppschild«

Die Stoppschild-Lernkarte kann Ihrem Kind helfen, den Umgang mit negativen oder lernhinderlichen Gedanken zu verbessern. Probieren Sie die Übung am besten so lange aus, bis das Konzentrieren schnell und einfach funktioniert. So kann das Stoppschild auch in Klassenarbeiten als eine Art »Notbremse« funktionieren.

Lernkarte:
Stopp-Schild

Lernkarte:
Strategie:
Stopp-Schild

Was kann ich tun, wenn ich mich nicht konzentrieren kann, weil ich immer an zu viele andere Sachen denke?

1. Sag zu dir (laut oder leise) STOPP.
2. Hör auf nachzudenken.
3. Stell dir das Stopp-Schild ganz genau vor.
4. Wenn du das Schild eine Weile betrachtet hast und ruhiger bist, kannst du wieder normal weiter denken.

Resümee der Themen »Gefühle, Motivation und Lernen«

Damit Ihr Kind erfolgreich lernen kann, ist es hilfreich, wenn es ...

... weiß, wie es sich motivieren kann;

... sich darüber im Klaren sein kann, wie es sich gerade fühlt;

... mit seinen Gefühlen umgehen kann oder

... sich Hilfe suchen kann;

... vor schwierigen Situationen keine Angst hat, sondern

... seinen eigenen Fähigkeiten vertrauen kann.

Eltern-Kind-Aufgaben: Entspannungs-, Konzentrationsübung, Gedankenstopp und positives Umformulieren

Wenn wir Erwachsene verkrampft und angespannt sind, fällt uns das Lernen und Arbeiten viel schwerer. Das geht Kindern natürlich genauso. In einem solchen Fall kann es hilfreich sein, eine Entspannungsübung zu machen, damit sich die Muskeln entspannen können. Eine gute Übung besteht darin, dass sich Ihr Kind durch das bewusste Wahrnehmen von An- und Entspannung lockert und entspannt.

Die Pünktchen ... stehen für kurze Pausen, die Sie beim Vorlesen einlegen können. Die Stimme des Erwachsenen sollte ruhig und langsam betonend sein. Besonders angenehm ist es für Ihr Kind, wenn es bequeme Kleidung anhat; am besten keine Schuhe. Sie können, wenn es Ihrem Kind gefällt, im Hintergrund leise Musik laufen lassen oder mit

Licht (z.B. Kerzen) arbeiten. Probieren Sie die verschiedenen Möglichkeiten mit Ihrem Kind zusammen aus.

Vorschlag 1:

Übung 1: Muskelentspannung

Leg dich so bequem wie möglich hin. Wenn du eine bequeme Position gefunden hast, schließe deine Augen. Rücke dich noch einmal zurecht, bis du so liegst, dass dich nichts mehr stört und du ruhig liegen bleiben kannst ... Bleib ganz ruhig liegen und atme ein paar Mal tief ein und aus ... Achte auch während der Übungen immer wieder einmal auf deinen Atem ...

Armübung:

Und nun spanne deinen ganzen Arm an. Stell dir dabei vor, du drückst einen weichen Schwamm aus ... Drücke ihn ganz fest. Halte kurz diese Spannung, und dabei atmest du immer weiter ... Und nun lass den Schwamm in Gedanken wieder los, konzentriere dich darauf, was du jetzt in deinen Armmuskeln spürst ... Achte auf den Unterschied zwischen An- und Entspannung ... Konzentriere dich auf den Unterschied von An- und Entspannung. Atme ganz ruhig ein und aus ... ein und aus ...

(Auf die gleiche Weise wird mit den anderen Muskelpartien vorgegangen: An- und Entspannung):

Stirnübung:

Runzele die Stirn, wie wenn du über etwas angestrengt nachdenkst, und lass die Stirn wieder locker, wie wenn du eine Lösung gefunden hättest.

Augenübung:

Zieh die Augenbrauen zusammen, als wenn du böse schauen wolltest, um damit jemanden zu erschrecken.

Schulterübung:

Zieh die Schultern hoch, als ob du mit den Schultern deine Ohrläppchen berühren wolltest.

Bauchübung:
Zieh den Bauch ein, als wolltest du eine zu enge Hose anziehen und tief Luft holen, damit der Reißverschluss zugeht.

Beinübung:
Streck dein Bein und die Zehen von dir weg, als ob du einen etwas weiter entfernten Gegenstand vor dir am Boden erreichen wolltest.

Und am Ende:
Strecke und recke deine Arme. Atme dreimal tief und hörbar ein und aus ... Komm so schnell oder langsam wie du möchtest wieder zurück in diesen Raum ... Öffne dann deine Augen.

Vorschlag 2: Verbesserung von Ruhe und Konzentration

Eine zweite Möglichkeit besteht darin, mit Ihrem Kind eine Phantasiereise zu unternehmen. Auch diese Übung kann Ihrem Kind helfen, zur Ruhe zu kommen und mögliche negative Gefühle wie z.B. Ängste zu verringern.

Stell dir vor, du bist von Kapitän Nemo in sein Unterwasserboot Nautilus eingeladen worden. Ihr fahrt gemeinsam durch alle Weltmeere und seht viele wunderschöne Dinge unter Wasser. Die schönsten Stunden sind immer die, wenn Kapitän Nemo dich auf seine Unterwasserausflüge mitnimmt ... (aus Petermann, 2001):

Dazu ziehst du einen speziellen Taucheranzug an. Er hat eine besondere Wirkung auf dich. Du merkst schon beim Anziehen, dass du vollkommen ruhig wirst. Zuerst steigst du mit deinem rechten Bein in den Taucheranzug. Du merkst und sagst zu dir: Mein rechtes Bein ist ganz ruhig. Dann kommt das linke Bein dran. Auch das linke Bein wird ganz ruhig. Du sagst zu dir: Mein linkes Bein ist ganz ruhig. Du ziehst deinen Taucheranzug über den Po und den Rücken herauf, dann schlüpfst du mit dem rechten Arm in den Taucheranzug und sagst zu dir: Mein rechter Arm ist ganz ruhig. Du ziehst den linken Arm an, und er wird auch vollkommen ruhig. Du sagst zu dir: Mein linker Arm ist ganz ruhig. Du ziehst noch die Kapuze über den Kopf und machst den Reißverschluss vorne zu ...

Jetzt bist du von dem Taucheranzug rundherum eingehüllt und geschützt. Du fühlst dich in dem weiten und bequemen Taucheranzug wohl, sicher und vollkommen ruhig.

Zum Schluss ziehst du noch die Schwimmflossen an, setzt die Taucherbrille auf, und Kapitän Nemo hilft dir, das Sauerstoffgerät auf den Rücken zu nehmen. Du nimmst das Mundstück in den Mund, so, wie es dir Kapitän Nemo gezeigt hat, und jetzt bist du für den Unterwasserausflug mit Kapitän Nemo bereit.

Nacheinander gleiten Kapitän Nemo und du durch die Ausstiegsluke der Nautilus ins Wasser. Du landest weich auf dem feinen weißen Sand des Meeresbodens. Heute will Kapitän Nemo mit dir eine Schatzkarte suchen. Du freust dich darauf und bist gespannt, ob ihr viele wunderbare Tiere und Pflanzen sehen werdet. Ein kleiner Schwarm von Fischen begleitet euch wieder bei eurem Unterwasserausflug. Die Fische schwimmen ruhig und sicher neben euch her. Auch du gleitest ruhig und sicher, vollkommen eingehüllt und geschützt von deinem Taucheranzug, neben Kapitän Nemo durch das Wasser. Ihr seid an einem Platz angelangt, wo große wunderbare Steine im Sand liegen. Kapitän Nemo hat dir vor dem Unterwasserausflug erzählt, dass er die Schatzkarte unter einem dieser Steine vermutet. Ihr schwimmt nun wie die Fische um die einzelnen Steine herum. Ihr fangt an, einen Stein nach dem anderen umzudrehen, in der Hoffnung, möglichst bald die Schatzkarte zu finden. Du bewegst dich in dem hellen, warmen Wasser zwischen den Steinen hin und her und steuerst auf einen dunkelgrünen Stein zu, der ganz moosbewachsen ist. Du hebst ihn hoch, aber leider ist nichts darunter. Du gleitest zum nächsten Stein, der lila schimmert. Er ist etwas größer und schwerer als der Stein zuvor. Aber du schaffst es noch sehr gut, ihn herumzudrehen. Wieder ist nichts darunter ...

Du schaust zu Kapitän Nemo hin, auch er hat bis jetzt noch nichts gefunden. Du hoffst, dass du derjenige bist, der die Schatzkarte findet. Zügig schwimmst du zum nächsten Stein. Dieser schimmert golden. Viele, viele kleine Kristalle auf dem Stein reflektieren das Licht, so dass er aussieht, als ob er aus Gold wäre. Ob unter diesem Stein wohl die Karte liegt? Du drehst ihn herum, aber wieder findest du die Schatzkarte nicht. Auf diesen goldenen Stein setzt du dich und spürst, dass deine Arme und Beine von der anstrengenden Tätigkeit auf besondere Art angenehm schwer geworden sind. Du sagst zu dir: Mein rechter Arm ist auf besondere Art im Wasser schwer! Mein rechter Arm ist auf besondere Art schwer! Auch bei deinem linken Arm bemerkst du diese Wirkung des Wassers, und du sagst zu dir: Mein linker Arm ist auf besondere Art im Wasser schwer! Mein linker Arm ist auf besondere Art schwer! Du sitzt auf deinem Stein und schaust Kapitän Nemo zu, der immer noch nichts gefunden hat. Nun bemerkst du auch deine auf besondere Art schweren Beine, und du sagst zu dir: Mein rechtes Bein ist auf besondere Art im Wasser schwer! Mein linkes Bein ist auf besondere Art schwer!

Ruhig und sicher, mit angenehm schweren Armen und Beinen, erhebst du dich und schwimmst zu einem nächsten Stein. Du gibst nicht auf weiterzusuchen und der Kapitän-Nemo-Spruch hilft dir dabei: Nur ruhig Blut, alles geht gut!

Der Stein schillert in bunten Farben, nämlich in rot und in grün. Die beiden Farben ergeben auf dem Stein ein Muster, wie du es noch nie auf einem Stein gesehen hast. Du drehst diesen Stein zur Seite und entdeckst, dass etwas darunter liegt. Mit den

Händen schiebst du die dünne Sandschicht weg und hoffst auf die Schatzkarte, aber es ist nur eine schöne große Muschel, die unter dem Stein verborgen lag. Du nimmst sie in deine beiden Hände und betrachtest sie von allen Seiten. Sie ist fest verschlossen und gibt dir nicht preis, welches Geheimnis in ihrem Inneren verborgen liegt. So nimmst du die Muschel und legst sie wieder in die Sandmulde zurück.

Du schwimmst zu einer nächsten Steingruppe. Von der Arbeit werden dir auch deine Arme und Beine angenehm warm. Du sagst zu dir: Mein rechter Arm ist ganz warm! Mein linker Arm ist ganz warm! Dasselbe stellst du bei deinem linken Bein fest, und du sagst zu dir: Mein linkes Bein ist ganz warm! Mein rechtes Bein ist ganz warm! Nun schwimmst du auf eine letzte Steingruppe zu, wo unter anderem ein schwarzer Stein liegt, der weiß gesprenkelt ist. Er sieht unter den vielen bunten Steinen ganz unscheinbar aus. Du entscheidest dich, genau diesen Stein umzudrehen. Beim Hochheben dieses Steines fühlst du wieder, wie angenehm schwer deine Arme und Beine sich anfühlen: Meine Arme und Beine sind auf besondere Art im Wasser schwer. Meine Arme und Beine sind auf besondere Art im Wasser schwer! Als du den Stein zur Seite gehoben hast, schimmert unter dem Sand etwas Bräunliches hervor. Du denkst: »Sicherlich ist es ein weiterer Stein unter dem hellen Sand« und willst schon aufgeben. Aber der Spruch fällt dir noch einmal ein, und du sagst in Gedanken zu dir: »Nur ruhig Blut, dann geht alles gut!« Deshalb schiebst du den Sand mit deiner Hand zur Seite. Es kommt ein fast rundes, dunkelbraunes Stück Leder unter dem Sand hervor. Du nimmst es in die Hand, hebst es hoch und wunderst dich über dieses Stück Leder im Meeresboden. Du drehst es herum, und auf der anderen Seite des Leders sind Striche, Kreise, Punkte und Quadrate sowie ein Kreuz eingraviert. Vermutlich sind sie in das Leder hineingebrannt worden. Da schießt es dir wie ein Geistesblitz durch den Kopf, dass dies die Schatzkarte sein muss. Aufgeregt winkst du Kapitän Nemo und schwimmst ein Stück zu ihm. Er kommt dir entgegen und freut sich sehr, nachdem er das Stück Leder genau betrachtet hat. Daran erkennst du, dass du die Schatzkarte gefunden hast. Ruhig und zufrieden setzt du dich auf einen der Steine. Du sagst zu dir: Meine Arme und Beine sind auf besondere Art im Wasser schwer. Meine Arme und Beine sind auf besondere Art schwer! Auch eine wohlige Wärme fließt durch deinen Körper hindurch, und du sagst zu dir: Meine Arme und Beine sind ganz warm! Meine Arme und Beine sind ganz warm!

Kapitän Nemo gibt dir die Karte zurück und weist dich mit Gesten darauf hin, dass du sie in deinen Gürtel stecken sollst. Zum Suchen des Schatzes bleibt bei diesem Unterwasserausflug keine Zeit mehr. Ihr müsst zurück zum Unterwasserboot Nautilus. Du bist aber sicher, dass ihr beim nächsten Unterwasserausflug den Schatz suchen werdet. So schwimmt ihr ruhig und sicher zum Unterwasserboot Nautilus zurück. Du bist glücklich und zufrieden, denn du hast die Schatzkarte gefunden. Beim Unterwasserboot angekommen, steigst du durch die Luke in das Wasserboot hinein.

Soll Ihr Kind nach dieser Unterwassergeschichte konzentriert und in Ruhe spielen oder Hausaufgaben erledigen, dann können Sie die Geschichte wie folgt zu Ende zu erzählen:

Es ist so, als ob du aus einem schönen Traum erwachen würdest. Du beugst und streckst deine Arme, atmest tief ein und wieder aus und öffnest die Augen. Langsam setzt du dich wieder auf.

Derjenige, der die Geschichte erzählt hat, streckt sich und atmet hörbar ein und wieder aus, und zwar wiederholt. Dies erleichtert es Ihrem Kind, die Entspannung zurückzunehmen, so dass es wieder aktiv werden kann. Wichtig ist das Durchbeugen und Strecken der Arme und Beine und das wiederholte tiefe Ein- und Ausatmen.

Soll Ihr Kind nach der Phantasiereise einschlafen, könnte die Geschichte folgendermaßen ausgehen:

> Du bist angenehm müde von dem Unterwasserausflug geworden. Kapitän Nemo hilft dir beim Ablegen des Sauerstoffgerätes.
> Du freust dich darauf, den Taucheranzug abzustreifen und dich müde in dein Bett zu kuscheln. Die Schatzkarte liegt noch bei dir auf deinem Nachttisch, und du freust dich schon auf morgen, wenn ihr wieder losziehen könnt. Zufrieden suchst du eine Position, in der du ganz bequem und mollig warm liegen kannst.

Vorschlag 3: Gedankenstopp
Wenn Gedanken immer wieder um ein Thema kreisen, kann es hilfreich sein, sich auf einen bestimmten anderen Gegenstand zu konzentrieren.
Dazu können Sie mit Ihrem Kind die Gedankenstopp-Übung ausprobieren. Erklären Sie ihm, dass es versuchen kann, störende Gedanken zu stoppen, indem es sich ganz fest ein Stopp-Schild (oder einen anderen bekannten Gegenstand) vorstellt. Unsere (bewussten und unbewussten) Vorstellungen haben erheblichen Einfluss auf unser Verhalten, unser Selbstvertrauen, unsere Gefühle. Vorstellungen können sogar stärker sein als »tatsächliche« Erlebnisse.
Die Anleitung zur Gedankenstopp-Übung finden Sie auf der Lernkarte.

Vorschlag 4: Positiv formulieren

Wenn Sie möchten, können Sie Ihr Kind fragen, ob es Situationen wie die von Niklas oder Annika kennt. Vielleicht hat es zusätzliche Idee, wie es mit negativen Gedanken und Einstellungen umgehen kann.

Sie können gemeinsam mit Ihrem Kind nach positiven Umformulierungen suchen. Zum Beispiel: »Ich bin einfach nicht begabt für Mathematik« kann umformuliert werden in: »Ich übe jeden Tag, und dann kann ich mich auch Schritt für Schritt verbessern.«

Kapitel 7 Wenn es nicht gleich klappt – Dranbleiben

Dieses Kapitel beschäftigt sich mit der Frage: »Was können Eltern tun, wenn es mit dem Lernerfolg nicht gleich klappt?«. Sie haben vielleicht viel Zeit mit Ihrem Kind verbracht, haben ein Lerntagebuch geführt und viele verschiedene Übungen und Strategien ausprobiert. Trotzdem wollen die Ergebnisse nicht stimmen. In diesem Kapitel erhalten Sie und Ihr Kind Tipps, was Sie in solch einer Situation tun können.

Fallbeispiel
Niklas kommt völlig erledigt von der Schule nach Hause. Er hat heute eine Deutscharbeit geschrieben, für die er zwei Wochen gelernt hat. »Nur 'ne Vier!«, sagt er. Seine Mutter schaut ihn ein bisschen hilflos an. »Ach, Hauptsache, du hast dir Mühe gegeben.« »Ja, schon, aber was hilft das, wenn ich lerne und dann nur so was dabei heraus kommt?«

Vielleicht haben Sie auch schon Situationen erlebt, in denen sich Ihr Kind große Mühe gibt, aber es trotzdem nicht gleich so funktioniert, wie Sie und Ihr Kind es sich wünschen. Was können Sie in solch einem Fall noch zusätzlich tun?

Übung
Es folgt zur Einstimmung auf das Thema eine kleine Übungsaufgabe. In dieser Aufgabe gibt es je drei Krüge mit unterschiedlichem Fassungsvermögen, gefordert ist aber eine bestimmte Menge. Wie können diese mit Hilfe der Krüge genau abgemessen werden?

Wenn Sie möchten, können Sie diese Aufgabe ausprobieren:

Wasserumfüllaufgabe

Problem	Fassungsvermögen von			Geforderte	Lösung
	Krug A	Krug B	Krug C	Menge	
1	14 Tassen	163 Tassen	25 Tassen	99 Tassen	
2	18 Tassen	43 Tassen	10 Tassen	5 Tassen	
3	9 Tassen	42 Tassen	6 Tassen	21 Tassen	
4	20 Tassen	59 Tassen	4 Tassen	31 Tassen	
5	15 Tassen	39 Tassen	3 Tassen	18 Tassen	
6	28 Tassen	76 Tassen	3 Tassen	25 Tassen	
7	18 Tassen	48 Tassen	4 Tassen	22 Tassen	

Wasserumfüll-Aufgabe aus Rheinberg, 1980.

Achten Sie darauf, wie Sie die einzelnen Aufgaben lösen. Welche Krüge verwenden Sie und wie häufig?
Die Lösung finden Sie am Ende des Kapitels.

Ungeduldige Eltern und Kinder?

Eltern

Wie ist es Ihnen bei der Bearbeitung der Aufgabe gegangen? Fiel es Ihnen leicht oder wurden Sie eher ungeduldig? Haben Sie die Aufgabe bis zum Ende gelöst, oder haben Sie doch lieber schnell mal zur Lösung geblättert? Waren Sie mit großem Spaß bei der Sache, oder hätten Sie am liebsten die Aufgabe abgebrochen? Auch Ihrem Kind kann es bei der Bearbeitung von Aufgaben ähnlich ergehen. Es wird vielleicht nervös und ungeduldig und will die Aufgabe endlich hinter sich lassen, oder aber es freut sich auf eine Knobelaufgabe.

> **Frage:**
> Was war in dieser Aufgabe gefordert?

Für die Lösung dieser Aufgabe kamen verschiedene Strategien zum Einsatz:

1. Zunächst ist es hilfreich, wenn Sie die Aufgabe genau durchlesen.
2. Danach sollten Sie über das Problem nachdenken.
3. Dann ging es darum, nach einer Lösung suchen.
4. Wenn Sie die Lösung nicht gleich fanden, sollten Sie nicht gleich aufgeben, sondern
5. durchhalten, bis die Aufgabe geschafft war.
6. Nach ein paar Aufgaben war es dann notwendig, alte Lösungswege zu verlassen und neue auszuprobieren.

Woran haben Sie gemerkt, dass Sie auf dem falschen Weg waren, wenn es mit dem Lösen nicht gleich geklappt hat? Sie sind vielleicht gedanklich »vorwärts und rückwärts«

gesprungen und haben überlegt, ob Ihr Vorgehen Sie dem Ziel, die Aufgabe zu lösen, näher bringt.

Genau diese Vorgehensweise ist auch für erfolgreiches Lernen bei Ihrem Kind wichtig. Kinder können das jedoch nicht immer automatisch, sie lernen es erst nach und nach. Eine gute Hilfe können dabei Fehlerprotokolle sein. In spielerischer Form können Kinder hier zum Detektiv werden und so selbstständig Lösungswege erarbeiten. Auf die Fehlerkontrolle gehen wir in diesem Kapitel noch genauer ein.

Kinder

Fallbeispiel: Das macht ja richtig Spaß!
Sebastian hat in letzter Zeit nicht wirklich viel für die Schule getan, außer für diese eine Deutscharbeit. Aber jetzt behandeln sie ein Thema in Erdkunde, das ihm richtig Spaß macht. Jeder durfte sich ein Land aussuchen und soll dieses Land so lebendig und vielseitig wie möglich den Mitschülern näher bringen. Sebastian ist total begeistert und freut sich darauf; weil er allerdings auch noch Matheaufgaben machen muss, fängt er damit an. Mathe macht ihm im Moment eh nicht so viel Spaß. Er liest die Aufgaben und ist sich sicher, alle bis auf die letzte ohne viel Nachdenken hinzukriegen. Aber auch an der letzten Aufgabe will sich Sebastian nicht lange aufhalten, immerhin muss er Erdkunde noch vorbereiten. Er sieht sich die Aufgabe schnell an und schreibt irgendwas auf sein Blatt, von dem er meint, dass es so ungefähr stimmt. Dann schlägt er sein Heft zu und schnappt sich seinen Atlas. »Wow, das macht ja richtig Spaß!«, denkt Sebastian, als er sich für den Rest des Nachmittags an Erdkunde setzt.

Auch Kinder können manchmal ungeduldig sein.: Wenn Ihr Kind beispielsweise eine halbe Stunde mit der Bearbeitung einer Textaufgabe zugebracht hat, dann möchte es, nachdem es sein Ergebnis säuberlich unterstrichen hat, gleich, sofort und auf der Stelle ein Lob bekommen, nicht erst am nächsten oder gar übernächsten Tag. Oder denken Sie an Sebastian aus dem obigen Beispiel: Um nur schnellschnell zu seinem Erdkunde-Thema wechseln zu können, das ihn so fasziniert hat, schludert er die letzte Matheaufgabe einfach nur oberflächlich ins Heft. Dabei kann es natürlich passieren, dass ihm Flüchtigkeitsfehler unterlaufen, und weil das Ergebnis nicht kontrolliert wird, fallen diese zunächst nicht auf, obwohl man durch kurzes konzentriertes Nachdenken den Fehler schnell entdecken würde. Der Lernstoff wird dann nicht intensiv genug verarbeitet und auch wieder schnell vergessen.

Den Lernstoff spielerisch erarbeiten Es kann deshalb hilfreich sein, mit Kindern den Lernstoff in spielerischer Form zu erarbeiten. Wenn es Ihnen gelingt, den Hausaufgabenstoff in eine spielerische Tätigkeit zu »verpacken«, dann lassen Kinder sich tiefer in den Lernvorgang einbeziehen. Das Lernen ist nicht länger langweilig, und die intrinsische Motivation wird gefördert. Wenn Ihr Kind die Möglichkeit bekommt, selbst etwas auszuprobieren (wie etwa bei der Tätigkeit des Kuchenbackens, die wir oben [S. 40, 114] vorgeschlagen haben), bleibt der Lernstoff länger und auch lebendiger im Gedächtnis.

Wie kann ich über mein eigenes Vorgehen nachdenken?

Auch uns Erwachsenen fällt es schwer, uns und anderen gegenüber Fehler zuzugeben. Wie viel unangenehmer ist es dann, über eigene Fehler nachzudenken und zu überlegen, warum wir sie gemacht haben. Wir ärgern uns über uns selbst und können nicht verstehen, wie uns »so ein dummer Fehler« passieren konnte. Vielleicht fürchten wir uns auch, dass andere uns auslachen könnten, haben Angst, blamiert zu werden, oder wir sind in Sorge wegen der Konsequenzen. Ihrem Kind kann es genauso ergehen. Auch Kinder können Angst haben, von anderen ausgelacht oder wegen eines Fehlers bestraft zu werden. Deshalb ist es für sie ebenso wie für uns Erwachsene wichtig, zu lernen, zwischen Person und Sache zu unterscheiden. In Kapitel 5 sind wir darauf ausführlich eingegangen. Wenn wir unsere Fehler vor diesem Hintergrund betrachten, dann können sie auch als Chance gesehen werden: Erst durch Fehler ist es möglich, sich selbst und sein Vorgehen zu hinterfragen und daraus zu lernen. Dies machen auch die Beispiele berühmter Erfinder wie Thomas Alva Edison, Marie Curie oder Justus Liebig deutlich, deren Versuche auch nicht beim ersten Mal geklappt haben. Sie benötigten zum Teil Tausende von Fehlversuchen, bis sie die Glühlampe, die Radioaktivität oder den Kunstdünger ge- beziehungsweise erfunden hatten.

Was sind Fehlerprotokolle?

Wenn Ihr Kind unter seinen Lernfehlern leidet und diese verändern und beseitigen möchte, ist das Fehlerprotokoll dabei eine gute Hilfe. Damit können wir ein Problem sachlich und ohne Kränkung angehen: Ihr Kind merkt, dass es nicht als Person in Frage gestellt ist, dass es vielmehr selbst etwas an seiner Situation ändern kann. Es kann dadurch lernen, dass es möglich ist, sein Leben aktiv zu gestalten. Indem es seine Fehler in Kategorien einteilt (z.B. 5 × ein bestimmter Grammatikfehler, 10 × ein bestimmter Flüchtigkeitsfehler), sind diese Fehler nicht mehr nur irgendwelche Fehler für Ihr Kind. Es weiß jetzt, welche Fehler ihm öfter unterlaufen. So kann es aktiv daran arbeiten, diese Fehler beim nächsten Mal zu vermeiden. Das Fehlerprotokoll kann bei der Fehleranalyse helfen und unterstützt Sie bei der Kategorisierung der gemachten Fehler. Eine Kopiervorlage finden Sie im Anhang des Buches.

 ### Dem Fehler auf der Spur

Was wurde Abgefragt (Thema der Arbeit)	Art der Fragen	Art des Fehlers	Lösungsvor-schläge, um den Fehler das nächste Mal zu vermeiden	Bewertung	
				Note in der Klassenarbeit	Punkte für strategisches Vorgehen

Legende
1. z. B. einfache Rechenaufgabe, Textaufgabe
2. z. B. Flüchtigkeitsfehler, falsch verstandene Fragestellung, fehlendes Wissen, Frage übersehen
3. z. B. Karteikärtchen machen, besser im Unterricht aufpassen, mehr Zeit für das Durchlesen verwenden, diese bestimmte Aufgabe mehr üben, …
4. Hier kannst du dir Punkte für dein strategisches Vorgehen wärend der Klassenarbeit geben:
   0–2 Punkte, wenn du die Aufgabe gut durchgelesen hast und dir überlegt hast, wie du vorgehen willst
   0–2 Punkte, wenn du der Aufgabenstellung genau gefolgt bist und
   0–2 Punkte, wenn du am Schluss deine Arbeit ganz genau durchgelesen und nach Fehlern gesucht hast

aus Bruder, 2006

Wie kann ich Ergebnisse bewerten?

Nach dem Lernen oder der Bearbeitung einer Aufgabe ist es wichtig, nicht gleich aufzuhören und sich mit etwas Anderem zu beschäftigen. An dieser Stelle ist es vielmehr sinnvoll zu überprüfen, ob das Ziel, das Ihr Kind sich gesteckt hat, erreicht wurde.

Wenn das Ziel erreicht wurde, dann kann sich Ihr Kind belohnen und eine neue Tätigkeit beginnen, denn die eingesetzten Strategien waren erfolgreich.

Wenn das Ziel nicht erreicht wurde, dann ist es wichtig, noch einmal kurz zu überlegen:

- War mein Ziel realistisch?
- Sollte ich das Ziel verändern?
- Welche Strategien habe ich eingesetzt?
- Welche Strategien waren erfolgreich?
- Welche Strategien möchte ich beim nächsten Mal verwenden?

Wenn Sie den Lernerfolg überprüfen, können Sie und Ihr Kind herausfinden, welche der benutzen Strategien und Ziele sinnvoll sind und auch beim nächsten Mal angewandt werden sollten. Dies ist der Schritt, der mitbestimmt, ob der Erfolg beim nächsten Mal größer ist, gleich bleibt, oder eher abnimmt. Strategien sind nur dann hilfreich und nützlich, wenn sie an Ihr Kind und seine spezifische Situation angepasst werden.

Lernerfolg überprüfen

Wann ist es sinnvoll, seine Ziele und Strategien zu ändern?

Ziele und Strategien anpassen

Sie haben in den vergangenen Kapiteln viel über verschiedene Strategien gelesen und erfahren. Damit diese Strategien sinnvoll in den Lernalltag integriert werden können, ist es wichtig, dass Ihr Kind nach dem Lernen immer wieder den Erfolg seines Vorgehens überprüft. Wenn allerdings der Lernerfolg sich nicht umgehend einstellt und Sie den Eindruck haben, dass eine bestimmte Strategie nicht funktioniert, so bedenken Sie, dass zum Einen nicht jede Strategie immer und bei jedem Kind funktioniert, und dass es zum Andern manchmal eine Zeit dauern kann, bis die Anwendung einer Strategie zur Routine geworden ist. Wenn Sie mit Hilfe des Fehlerprotokolls zusammen regelmäßig eine Fehleranalyse durchführen, dann liegen mögliche Veränderungen und ihre Gründe auf der Hand. Obwohl es mit Mehraufwand verbunden ist, die Strategien immer wieder zu überprüfen und anzupassen, ist dies ein wichtiger Schritt beim Lernen. Dasselbe gilt natürlich auch für die Ziele, die Sie zusammen mit Ihrem Kind entwickelt haben. Manche Ziele sind vielleicht nicht erreichbar. Suchen Sie zusammen nach Zielen, die den Leistungen Ihres Kindes gerecht werden. Zu hohe Ziele, die nicht erreichbar sind, können Ihr Kind auf Dauer frustrieren: Es hat wenig Sinn, wenn sich Ihr Sohn, der sich von einer schlechten Mathe-Note wegbewegen will, im ersten Eifer des Strategien-Tests das Ziel setzt, innerhalb von sechs Wochen auf einem Zweier-Schnitt zu stehen. Aber auch bei zu leichten Zielen – wenn sich Ihre Tochter beispielsweise lediglich vornimmt, sich in Französisch, das ihr nicht sonderlich schwer fällt, in diesem Schuljahr von Drei auf Zwei zu verbessern – ist es

sinnvoll, diese dem Niveau Ihres Kindes anzupassen, damit
die Motivation erhalten bleibt.

Lernkarten zu den Themen »Strategie« und »Zielprüfung«

Die Lernkarten finden Sie als Kopiervorlage im Anhang des
Buches. Sie dienen in diesem Kapitel dazu, bei Bedarf die
Vorgehensweise zu überdenken.

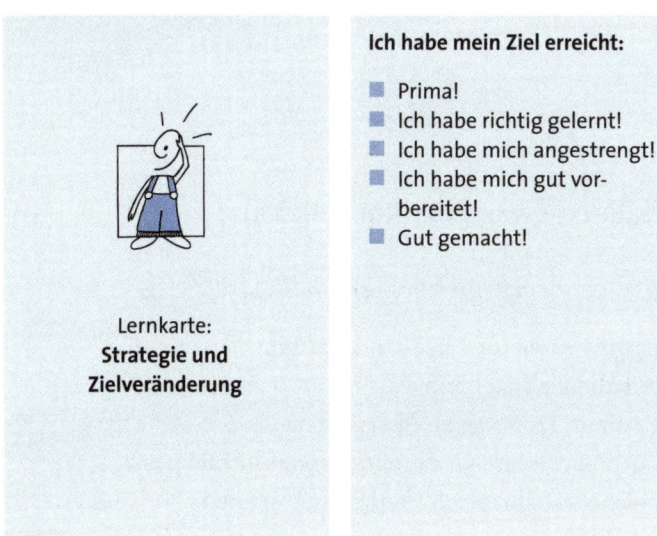

Ich habe mein Ziel erreicht:

- Prima!
- Ich habe richtig gelernt!
- Ich habe mich angestrengt!
- Ich habe mich gut vor-
  bereitet!
- Gut gemacht!

Lernkarte:
Ich habe mein
Ziel erreicht

Lernkarte:
**Strategie und
Zielveränderung**

Lernkarte:
Ich habe mein
Ziel nicht
erreicht

Lernkarte:
**Strategie und
Zieländerung**

**Ich habe mein Ziel nicht
erreicht:**

- Nicht so schlimm.
- Ich kann eine andere
  Strategie anwenden.
- Waren die Ziele realistisch?
- Kann ich mich anders
  vorbereiten?
- Ich kann mir Hilfe holen.
- Ich kann mich mehr
  anstrengen.
- Ich schaffe das!

Resümee – wenn es nicht gleich klappt!

Hilfreich für erfolgreiches Lernen ist, ...

… seine Ziele im Auge zu behalten;

… realistisch zu bleiben;

… seinen Lernweg zu überprüfen;

… zu beurteilen, ob die Strategie zum Ziel passt;

… die Strategie der Situation anzupassen

… Fehler nicht persönlich zu nehmen, sondern auf die
eigenen Stärken zu vertrauen.

Eltern-Kind-Aufgaben: Wasserumfüll-Aufgabe und Fehlerprotokoll

Vorschlag 1: Wasserumfüll-Aufgabe (siehe Seite 126)
Die Wasserumfüll-Aufgabe ist gut dazu geeignet das Verlassen eingefahrener Lösungs- und Denkwege einzuüben. Es empfiehlt sich daher, die Aufgabe gemeinsam mit Ihrem Kind durchzuführen.

Vorschlag 2: Fehlerprotokoll
Zeigen und erklären Sie Ihrem Kind den Umgang mit dem Fehlerprotokoll. Dies können Sie beispielsweise erst einmal bei den Hausaufgaben üben und später auch auf die Klassenarbeiten übertragen.

Lösung: Wasserumfüllaufgabe

Problem	Fassungsvermögen von			Geforderte Menge	Lösung
	Krug A	Krug B	Krug C		
1	14 Tassen	163 Tassen	25 Tassen	99 Tassen	B – 2C – A
2	18 Tassen	43 Tassen	10 Tassen	5 Tassen	B – 2C – A
3	9 Tassen	42 Tassen	6 Tassen	21 Tassen	B – 2C – A
4	20 Tassen	59 Tassen	4 Tassen	31 Tassen	B – 2C – A
5	15 Tassen	39 Tassen	3 Tassen	18 Tassen	B – 2C – A A + C
6	28 Tassen	76 Tassen	3 Tassen	25 Tassen	A – C
7	18 Tassen	48 Tassen	4 Tassen	22 Tassen	B – 2C – A A + C

Aufgabe und Lösung der Wasserumfüll-Aufgabe, aus Rheinberg, 1980.

Verwenden Sie Ihre alte Strategie ab Aufgabe fünf, so kommen Sie zur richtigen Lösung, diese ist jedoch komplizierter. Bei dieser Aufgabe wird Ihnen auffallen, wie schwierig es ist, alte und eingefahrene Strategien und Wege zu verlassen. Doch gerade dieser Schritt: die Strategie zu ändern ist sinnvoll und notwendig, wenn das bisherige Vorgehen nicht zum gewünschten Erfolg geführt hat.

Kapitel 8 Zusammenfassung und Resümee – Fast Fertig!

Wenn wir anfangen, uns mit einem bestimmten Thema zu beschäftigen, geschieht das aus verschiedenen Gründen: Wir wollen beispielsweise etwas Neues kennen lernen, wir suchen Tipps für bestimmte Probleme, wir wollen etwas besser verstehen, und vieles mehr. In diesem letzten Kapitel wollen wir den Kreis schließen und noch einmal an den Anfang zurückgehen, um zu ergründen, ob wir das, was Sie sich von diesem Buch versprochen haben, einlösen konnten.

Sind Ihre Erwartungen erfüllt?

Als Sie begonnen haben, dieses Buch zu lesen, hatten Sie bestimmte Vorstellungen und Erwartungen an dieses Buch. Vielleicht sind Sie überrascht, in welche Richtung sich alles entwickelt hat, vielleicht hatten Sie sich etwas ganz anderes vorgestellt. Vielleicht ist es ungewöhnlich, Eltern als Experten für Ihr Kind zu betrachten oder die Selbstverantwortung der Kinder zu betonen. Aber vielleicht hat dieses Buch auch dazu beigetragen, dass Sie und Ihr Kind neue Seiten an sich kennen gelernt haben. Möglicherweise konnten Sie Strategien ausprobieren, die Ihnen und Ihrem Kind helfen, den Hausaufgabenalltag und das Lernen einfacher zu gestalten. In diesem letzten Kapitel bitten wir Sie, zu überlegen, welche Erwartungen Sie und Ihr Kind hatten und ob diese erfüllt wurden.

> Erinnern Sie sich an ihre Erwartungen?

Eltern

Versetzen Sie sich an den Anfang zurück und überlegen Sie, mit welchen Erwartungen Sie das Buch bearbeitet haben. Im Anschluss daran können Sie sich folgende Fragen stellen:

Selbstreflexion

Was waren Ihre Erwartungen, Befürchtungen und Wünsche? Welche Wünsche konnten im Rahmen dieses Buches erfüllt werden; welche Befürchtungen sind eingetreten? Haben Sie noch offene Fragen?

Kinder

Sie können auch mit Ihrem Kind noch einmal über seine Erwartungen nachdenken.

Selbstreflexion

Was waren deine Wünsche? Hattest du irgendwelche Sorgen? Was hat dir besonders geholfen?

Sicherlich haben dir deine Eltern Tipps gegeben! Was haben sie dabei gut gemacht? Was können sie noch verbessern?

Wiederholung und Zusammenfassung

Nachdem Sie noch einmal Ihre Erwartungen gelesen haben, können Sie und Ihr Kind nun zusammen einschätzen, wie weit Sie mit den Strategien gekommen sind und welche Sie auch weiterhin gemeinsam anwenden wollen. Vielleicht haben Sie noch weitere Ideen, die Sie in Zukunft zusammen aufgreifen möchten.

Die folgenden Überlegungen können bei dieser Übung hilfreich sein:

Für die einzelnen Lernabschnitte gibt es folgende Strategien:

Wir nutzen schon folgende Strategien:

Diese Strategien finden wir nicht so nützlich:

Diese Strategien finden wir interessant und möchten sie in Zukunft ins Lernen einbauen:

_____

_____

_____

_____

_____

Ich werde mich noch intensiver mit den folgenden Themen beschäftigen:

_____

_____

_____

_____

_____

Fragen an Ihr Kind:
Was hat dir besonders gut gefallen?

_____

_____

_____

_____

Welche Strategien kanntest du vorher schon?

_____

_____

_____

_____

Welche Strategien hast du schon ausprobiert?

_____

_____

_____

_____

_____

Was hat dir an diesem Buch besonders gut gefallen?

_____

_____

_____

_____

_____

Was ist besonders wichtig für dich?

_____

_____

_____

_____

_____

Wir hoffen, dass die Anregungen in diesem Buch eine Hilfe für Sie und Ihr Kind sind und dass es Ihnen immer besser gelingt, sie in Ihren Alltag zu integrieren.

Anhang

Elterntagebuch

Woche _____   Tag _____

Ich habe mir für die kommende Woche folgendes vorgenommen,
um mein Kind in selbstverantwortlichem Lernen zu unterstützen:

_____

Eltern-Kind-Aufgabe: Haben Sie heute einen Vorschlag ausprobiert?
Wenn ja, welchen? _____

Was war während der Unterstützung?

	Ja	Nein
Ich konnte mit meinen Gedanken ganz bei meinem Kind sein.	☐	☐
Etwas, das ich im Buch gelesen habe, hat mir sehr geholfen.	☐	☐

Was haben Sie heute alles bei der Unterstützung Ihres Kindes beim Lernen eingesetzt (und was nicht)?	Ja	Nein
Ich habe über mein Vorgehen nachgedacht.	☐	☐
Ich war konzentriert bei der Sache.	☐	☐
Ich habe mein Kind bei der Organisation/ Planung unterstützt.	☐	☐
Ich habe mein Kind unterstützt, sich selbst zu motivieren, auch wenn es keine Lust hatte (Belohnung, Pausen, ...).	☐	☐
Wir haben lernhinderliche Gedanken »bekämpft« (Gedankenstopp, positives Umformulieren, ...).	☐	☐
Ich habe mein Kind ermutigt, aus seinen Fehlern zu lernen.	☐	☐

Vielleicht hatten Sie heute keine Möglichkeit, Ihr Kind zu unterstützen.

Was ist der Grund dafür?	Ja	Nein
Mein Kind hat alles selbständig erledigt.	☐	☐
Ich war mit anderen Dingen beschäftigt.	☐	☐
Mein Kind muss auch mal alleine arbeiten können.	☐	☐
Mein Kind hatte keine Aufgaben.	☐	☐

Sonstiges

_____

_____

_____

Wie schätzen Sie Ihre Unterstützung heute ein?	Trifft überhaupt nicht zu	Trifft eher nicht zu	Trifft eher zu	Trifft zu
Ich bin mit dem zufrieden, was ich heute erreicht habe.	☐	☐	☐	☐
Es hat mir Spaß gemacht, mein Kind zu unterstützen.	☐	☐	☐	☐
Ich habe heute alles geschafft, was ich mir vorgenommen habe.	☐	☐	☐	☐
Ich bin meinem Wochenziel einen Schritt näher gekommen.	☐	☐	☐	☐

Und für morgen nehme ich mir Folgendes vor:

_____

_____

_____

Schülertagebuch

Woche _____   Tag _____

Ich habe mir für die kommende Woche bezogen auf meine
Hausaufgaben das folgende Ziel gesetzt: _____
Um das zu erreichen, werde ich: _____
Wenn du heute keine Hausaufgaben machst oder nicht lernst:
Was ist der Grund dafür? _____

Ich fühle mich im Moment ...

	stimmt gar nicht	stimmt eher nicht	stimmt eher	stimmt genau
aktiv	☐	☐	☐	☐
interessiert	☐	☐	☐	☐
verärgert	☐	☐	☐	☐
bekümmert	☐	☐	☐	☐

Welche Hausaufgaben hast du
heute aufbekommen/
Für welche Fächer müsstest du lernen?

Was davon wirst du
heute erledigen?

_____ ☐
_____ ☐
_____ ☐
_____ ☐
_____ ☐

Wie viel Zeit planst du dafür ein? _____ Minuten

Erledige jetzt Deine Hausaufgaben!

Nur ausfüllen, wenn du die Hausaufgaben bzw. das Lernen unterbrichst:

Warum unterbrichst du die Hausaufgaben/ das Lernen?

☐ Ich habe keine Lust mehr.
☐ Ich wurde abgelenkt.
☐ Etwas anderes kam dazwischen.

Was wirst du tun, um dich zum Weiterarbeiten zu bewegen?

☐ Die restlichen Aufgaben in Portionen einteilen (Pausen einplanen).

☐ Konzentrationsübung.

☐ Ablenker ausschalten (Zimmertür schließen; Handy und Computer abschalten, ...).

☐ Sonstiges:

_____

Mache hier weiter, wenn du Deine Hausaufgaben/das Lernen erledigt hast.

Für welche Fächer hast du heute Hausaufgaben gemacht bzw. gelernt?

_____

_____

_____

_____

_____

Wie lange hast du dafür gebraucht? _____ Minuten

Wie viele Minuten davon hast du konzentriert gearbeitet? Minuten

Etwas, was ich durch das Buch gelernt habe oder meine Eltern in den letzten Tagen/Wochen mit mir geübt haben, hat mir heute bei den Hausaufgaben geholfen:

☐ ja   ☐ nein

Wenn ja, was?

☐ Sich Ziele setzen

☐ Konzentrationsübung

☐ Motivationsstrategien (damit man wieder mehr Lust hat)

☐ Strategien gegen störende Gedanken (Gedankenstopp, positives Umformulieren)

☐ Strategien gegen Ablenker

☐ Aus Fehlern lernen

☐ Sonstiges: _____

	stimmt gar nicht	stimmt eher nicht	stimmt eher	stimmt genau
Ich habe mich beim Lernen nicht ablenken lassen.	☐	☐	☐	☐
Ich habe mich heute angestrengt.	☐	☐	☐	☐
Ich habe darauf geachtet, dass ich konzentriert bei der Sache bin.	☐	☐	☐	☐
Ich habe heute alles geschafft, was ich mir vorgenommen hatte.	☐	☐	☐	☐
Die Hausaufgaben/das Lernen hat heute Spaß gemacht.	☐	☐	☐	☐

Und für morgen nehme ich mir Folgendes vor:

_____

_____

Lernkarte: Ordnung, Planung, Gewohnheiten

Lernkarte:

**Ordnung, Planung und
Gewohnheiten**

**Ordnung, Planung und
Gewohnheiten**

1. Wie sieht mein Arbeitsplatz
   aus?
2. Liegt alles bereit, was ich
   zum Lernen brauche?
3. Habe ich meine Zeit gut
   eingeteilt?
4. Bin ich bereit?

Lernkarte:
Ordnung,
Planung,
Gewohnheiten

Lern-Vertrag

In Zukunft möchte ich _____
verändern/verbessern. Als konkretes Ziel nehme ich mir daher vor,
in den nächsten _____ Wochen mindestens/höchstens
_____ mal _____
_____

Für jedes Mal, wenn ich mein Ziel erreicht habe, bekomme ich
einen Punkt. Wenn ich _____ Punkte erreicht habe, dann bekomme ich von meinem Vertragspartner
_____

Wenn ich _____ Punkte erreicht habe, erhalte ich von meinem
Vertragspartner

»Hiermit treffe ich meine eigenen Entscheidungen
und kann mein Ziel erreichen, wenn ich das will!«

_____   _____   _____
Datum   meine Unterschrift   Unterschrift des
                                            Vertragspartners

Lernkarte: Zielsetzung

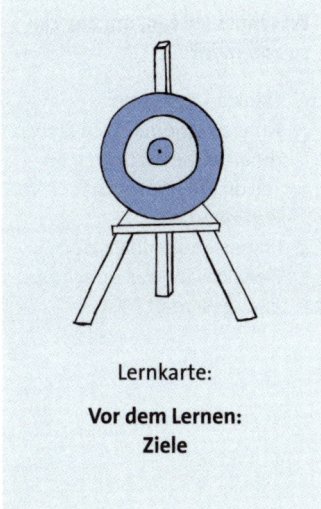

Lernkarte:

**Vor dem Lernen:
Ziele**

Welches Ziel will ich erreichen?

1. Überlege ich mir genau, welches Ziel ich erreichen möchte?
2. Wo kann ich mich verbessern?
3. Ist mir dieses Ziel wirklich wichtig?
4. Glaube ich, dass ich dieses Ziel erreichen kann?
5. Wie viel Zeit plane ich täglich ein, um dieses Ziel zu erreichen?
6. Wann will ich mein Ziel erreicht haben?

Lernkarte:
Zielsetzung

Lernkarte: Planung

Lernkarte:

**Vor dem Lernen:
Planung**

Wie gehe ich genau vor?

1. Ich schreibe mein Ziel auf und hänge es deutlich sichtbar in der Nähe meines Arbeitsplatzes (Schreibtisch) auf.
2. Ich lege genau fest, wie viel Zeit ich täglich einplane, um mein Ziel zu erreichen.
3. Ich schreibe z. B. unter mein Ziel: Dafür arbeite ich täglich 20 Minuten!
4. Ich lege ein Datum fest, bis wann ich mein Ziel erreicht haben will.
5. Ich überlege mir, womit ich mich belohnen möchte.

Lernkarte:
Planung

Lernkarte: Was muss ich tun, um ans Ziel zu kommen?

Lernkarte:
Was muss
ich tun, um
ans Ziel zu
kommen?

Strategie 1

Während des Lernens

Was muss ich tun, um ans Ziel zu kommen?

1. Denk an dein Ziel.
2. Fang zu einem festen Zeitpunkt mit dem Lernen an.
3. Teil dir die Hausaufgaben in Portionen ein.
4. Plane genügend Pausen ein.
5. Denk daran, was du schon alles geschafft hast.

Lernkarte: Wer oder was kann mir helfen?

Lernkarte: Wer
oder was kann
mir helfen?

Strategie 2

Während des Lernens

Wer oder was kann mir helfen?

1. Bearbeite erst eine leichte Aufgabe, damit du ein Erfolgserlebnis hast.
2. Du kannst Mitschüler oder Freunde um Hilfe bitten, wenn du nicht weißt, was du tun musst.
3. Du kannst dich vor Schulaufgaben mit Mitschülern in einer Lerngruppe treffen.
4. Versprich dir eine Belohnung

Lernkarte: Was kann ich tun, wenn Hindernisse auftauchen?

Strategie 3

Während des Lernens

Was kann ich tun, wenn Hindernisse auftauchen?

1. Denk an dein Ziel.
2. Such dir Hilfe.
3. Denk an deine Belohnung.
4. Versuch eine kurze Konzentrationsübung zu machen.
5. Mach dir auftretende Folgen klar (positive und negative).
6. Denk daran, wie du beim letzten Mal Hindernisse bewältigt hast.
7. Überlege, wie du gerade vorgehst und was du noch tun kannst

Lernkarte: Was kann ich tun, wenn Hindernisse auftauchen?

Lernkarte: Bin ich zufrieden?

Lernkarte: Nach dem Lernen: **Bin ich zufrieden?**

Bin ich zufrieden?

1. Habe ich meine Leistung mit vorangegangenen Leistungen verglichen?
2. Habe ich alles beachtet, was mir wichtig war?
3. Ich habe meine Leistung verbessert: Ich bin stolz auf mich. Gut gemacht!
4. Meine Leistung ist gleich geblieben oder schlechter geworden: Was kann ich das nächste Mal besser machen?

Lernkarte: Bin ich zufrieden?

Gedankenstopp

Lernkarte: Stopp-Schild

Lernkarte:
Strategie:
Stopp-Schild

Was kann ich tun, wenn ich mich nicht konzentrieren kann, weil ich immer an zu viele andere Sachen denke?

1. Sag zu dir (laut oder leise) STOPP.
2. Hör auf nachzudenken.
3. Stell dir das Stopp-Schild ganz genau vor.
4. Wenn du das Schild eine Weile betrachtet hast und ruhiger bist, kannst du wieder normal weiter denken.

Dem Fehler auf der Spur

Was wurde Abgefragt (Thema der Arbeit)	Art der Fragen	Art des Fehlers	Lösungsvorschläge, um den Fehler das nächste Mal zu vermeiden	Bewertung	
				Note in der Klassenarbeit	Punkte für strategisches Vorgehen

Legende

1. z. B. einfache Rechenaufgabe, Textaufgabe
2. z. B. Flüchtigkeitsfehler, falsch verstandene Fragestellung, fehlendes Wissen, Frage übersehen
3. z. B. Karteikärtchen machen, besser im Unterricht aufpassen, mehr Zeit für das Durchlesen verwenden, diese bestimmte Aufgabe mehr üben, …
4. Hier kannst du dir Punkte für dein strategisches Vorgehen wärend der Klassenarbeit geben:

   0–2 Punkte, wenn du die Aufgabe gut durchgelesen hast und dir überlegt hast, wie du vorgehen willst

   0–2 Punkte, wenn du der Aufgabenstellung genau gefolgt bist und

   0–2 Punkte, wenn du am Schluss deine Arbeit ganz genau durchgelesen und nach Fehlern gesucht hast

Lernkarte: Ich habe mein Ziel erreicht

Lernkarte:
Ich habe mein
Ziel erreicht

Lernkarte:
**Strategie und
Zielveränderung**

Ich habe mein Ziel erreicht:

- Prima!
- Ich habe richtig gelernt!
- Ich habe mich angestrengt!
- Ich habe mich gut vor-
  bereitet!
- Gut gemacht!

Lernkarte: Ich habe mein Ziel nicht erreicht:

Lernkarte:
Ich habe mein
Ziel nicht
erreicht

Lernkarte:
**Strategie und
Zielveränderung**

**Ich habe mein Ziel nicht
erreicht:**

- Nicht so schlimm.
- Ich kann eine andere
  Strategie anwenden.
- Waren die Ziele realistisch?
- Kann ich mich anders
  vorbereiten?
- Ich kann mir Hilfe holen.
- Ich kann mich mehr
  anstrengen.
- Ich schaffe das!

Dank

Dieses Buch ist das Ergebnis langjähriger Arbeit und zahlreicher Projekte, die wir gemeinsam mit Schülern, Eltern und Lehrern durchgeführt haben. Wir danken den wissenschaftlichen Hilfskräften, die durch ihre Mitarbeit zu diesem Buch aktiv beigetragen haben.

Wir danken Antje Orwat-Fischer für ihre Mitarbeit und die kompetente Vorarbeit, die sie im Rahmen des DFG-Projektes in ihrer Studienarbeit geleistet hat. Darüber hinaus gilt unser Dank Kerstin Klauß, sie hat die Illustrationen für das Buch angefertigt und dadurch einen wesentlichen Beitrag zur optischen Erscheinung des Buches geleistet. Außerdem waren zahlreiche wissenschaftliche Hilfskräfte und Mitarbeiter mit der Be- und Überarbeitung des Praxisbuches und der Materialien betraut. Wir danken insbesondere Nicola Bebbington, Martina Beck, Julia Schneider und Michaela Kauer für die geleistete Arbeit.

Die Unterlagen, die als Vorlagen für dieses Buch verwendet wurden, sind im Rahmen des DFG-geförderten Projekts BIQUA (Bildungsqualität von Schule) entstanden. Unser besonderer Dank gilt außerdem der Müller-Reitz-Stiftung, deren finanzielle Unterstützung dieses Buchprojekt ermöglicht hat.

Natürlich gilt unser Dank auch dem Klett-Cotta-Verlag, der unser Manuskript wohlwollend geprüft hat. Insbesondere möchten wir auch Herrn Dr. Johannes Czaja für seine Geduld, die hilfreichen Vorschläge und die gute Zusammenarbeit danken.

Berlin und Darmstadt, Januar 2008
Susanne Miethner, Michaela Schmidt
und Bernhard Schmitz

Literatur

Bruder, S. (2006). *Die Förderung von Selbstregulation bei Kindern unter Einbeziehung ihrer Eltern.* Berlin: Logos.

Fosterling, F. (1985). Attributional retraining: A review. *Psychological Bulletin, 48,* 495–512.

Gage, N. L. & Berliner, D. C. (1996). *Pädagogische Psychologie.* Weinheim: Beltz.

Hertel, S. (2007). »So unterstütze ich meine Schüler beim Lernen Lernen.« Ein Training für Lehrerinnen und Lehrer im Grundschulzweig. In: M. Landmann & B. Schmitz (Hrsg.), *Selbstregulation erfolgreich fördern. Praxisnahe Trainingsprogramme für effektives Lernen.* Stuttgart: Kohlhammer.

Meyerhoff, J. & Brühl, C. (2004). *Fachwissen lebendig vermitteln. Das Methodenhandbuch für Trainer und Dozenten.* Leonberg: Rosenberger Fachverlag.

Petermann, U. (2000). *Entspannungstechniken für Kinder und Jugendliche.* Weinheim: Beltz.

Dies. (2001). *Die Kapitän-Nemo-Geschichten. Geschichten gegen Angst und Stress.* Freiburg: Herder.

Rheinberg, F. (1980). *Leistungsbewertung und Lernmotivation.* Göttingen: Hogrefe.

Schmitz, B. (2001). Self-Monitoring zur Unterstützung des Transfers einer Schulung in Selbstregulation für Studierende. Eine prozessanalytische Untersuchung. *Zeitschrift für Pädagogische Psychologie, 15,* 179–195.

Über die Autoren

Susanne Miethner studierte Psychologie an der Universität Freiburg und promovierte an der TU-Darmstadt. Forschungsschwerpunkt: Selbstreguliertes Lernen: Sie ist ausgebildete Systemische Beraterin und Psychotherapeutin und heute als selbstständige Psychologin in Berlin tätig. Zahlreiche Publikationen u.a. über Eltern- und Schülertrainings.

Michaela Schmidt, geb. 1976, ist ausgebildete Kinderpflegerin, studierte Psychologie an der TU Darmstadt und ist dort seit Ende 2005 Wissenschaftliche Mitarbeiterin am Institut für Psychologie.

Bernhard Schmitz, Studium der Mathematik und Psychologie an den Universitäten Düsseldorf und Berlin; Promotion und Habilitation an der FU und der TU Berlin; seit 1997 Prof. für Pädagogische Psychologie an der TU Darmstadt. Zahlreiche Publikationen.

Hendrik Simon:
Dyskalkulie – Kindern mit Rechenschwäche wirksam helfen
240 Seiten, broschiert, ca. 20 Illustrationen, ISBN 978-3-608-94147-0
In jeder Schulklasse sitzt heute mindestens ein Kind mit einer Rechenschwäche. Wichtig ist, dass diese Störung als solche erkannt wird und Schüler nicht als ›dumm‹ stigmatisiert werden. Die oftmals entmutigten Schüler müssen aus ihrer Resignation herausgeholt werden, und man muss ihnen ihr Grundvertrauen zurückgegeben. Der Autor zeigt mit viel Einfühlungsvermögen und Sachverstand Wege auf, die eingeschlagen werden können. Hierbei ist wichtig, dass auf Schuldzuweisungen an Elternhaus oder Schule verzichtet wird und alle Beteiligten sich an den Bedürfnissen und Besonderheiten der betroffenen Kinder orientieren.

Gertraud Finger / Traudel Simon:
Was auffällige Kinder uns sagen wollen
Verhaltensstörungen neu deuten
172 Seiten, broschiert, ISBN 978-3-608-94527-0
Aggressivität und Diebstahl, aber auch Trauer, Depression, Ängste und Essstörungen – das alles wird bei unseren Kindern immer häufiger beobachtet. Eltern und Erzieher sind besorgt, fühlen sich hilflos und fragen sich, was sie tun können.
In anschaulichen Fallbeispielen zeigen die Autorinnen, dass es durchaus Auswege gibt. Das Buch möchte Eltern und Erzieher(innen) ermutigen, genau hinzuhören und hinzusehen, was Kinder mit ihrem Verhalten sagen wollen. Wenn wir die verborgene Botschaft hinter störendem Verhalten verstehen, verändert sich das Miteinander und Auswege werden sichtbar.

Klett-Cotta